走在世界　我的時尚人生

Club Designer創辦人高秋鴻的機遇選擇與豐盛之旅

高秋鴻——著

Content

Part 1

如夢似真：一場奇幻旅程

Part 2

神祕高小姐

Content

Part 3

穿越時尚的西遊記

推薦序　有意義的巧合

石靈慧

八個星期前，就在台北陷入COVID-19疫情緊張的時間點，我也順勢閉關宅在家，好整以暇地，享受著Lilian剛剛送來、新鮮烤好的堅果餅乾，佐著也是她為我準備的粉紅香檳，興奮地拜讀她的回憶錄初稿。

開卷後，我立即浸融在每個故事裡，無比好奇的、我發現Lilian的每個際遇，都「有奇妙」，又似乎都是巧合，只要稍作深觀，就能探測到……玄機！這使得奉Lilian授命、為她完成這本回憶錄的我，不禁起心動念，彷彿我會有可能，讓Lilian充滿奇妙事蹟的四十年歲月，彙編為引人入勝、綻放感動、啟發心思的時尚故事書。

就這麼全神貫注的，連續了……八個星期，在一篇篇、一段段、一行一行裡，我用自己其實微而有限的文字能力，將它全部爬梳了一次，是潤筆、是解讀、是淘金、是畫龍點睛、是去蕪存菁，都是……。我給了自己終極使命：要理出Lilian的每個故事要說的、沒說出來的，甚或是對我說的話，讓每篇故事秀出原來的神采，使它發出迷人的聲調，讓其中的時尚能量、所有奧妙的精靈，都可以一一現身……。奇妙的是，我的確出奇的、享受這份任務……

我看到了「風格」，那是Lilian穿著打扮展現的好品味，是她對於美學風格敏銳感的高度，就像指紋一樣，是專屬於她的獨特風格。我更看到了「風格」的力量，看到了Lilian「本然俱足」的風格，使她總能夠自在的、釋放出她的說服力，即便她一向害羞、鮮少言語，相信就是她的風格高度，總能夠「無比堅毅」的、令她散發出影響力……這就是Lilian擁有的「風格資產」。我想像Lilian的風格，就呼應著她長年欣賞的偶像：賈姬，在行止、自在當中，賈姬風範就是讓人讀得出、感應得出來的一份獨特的優雅，一份修為與涵養。

在故事裡，我也處處看得到：Lilian為人行事、獨樹一幟的風格，交融在奢華時尚生意裡的生活歷練，那是不為作秀、不為表演的態度：雖說一貫是雲淡風輕的顯露，Lilian這位意念鮮明、追尋美好的勇敢夢想家，既不唱高調，也不矮化自己，更不誇張辛苦，她只坦白地讓你知道，她是多麼的勤奮而務實、多麼認真地珍惜她的工作與顧客：就為了更好地照顧顧客，她一向開著她的小喜美車、親力親為地送貨到府。

我還聽懂了，從一名時尚素人，成為了時尚選品店主持人的Lilian，四十年來修得的終極領悟是：「時尚人的眼光，就是最好的偵測器。」當然她擁有同業難以比擬的時尚好眼光、天賦異稟的時尚DNA，而這些都是無師自通、卻渾然天成的奇妙能力！可能就因為她自己就是最投入、熱愛最多、體驗最深的顧客，Lilian甚至早已開始演練獨到的一套「銷售藝術」，那是連最懂販賣奢侈品的Hermes，Chanel與Louis Vuitton都宣稱，是各自成就時尚好生意、必要的竅門。

我最歡喜的，是發現了Lilian享受、用物，最Cool的態度，奇妙的她，就在為溫莎公爵及戴高樂總統訂製襯衫的Charvet，找到了最理想的睡衣（襯衫），就像香奈兒女士，獨獨發現紳士西裝長褲，更適合需要舒適自在的、活躍女性穿著（此後，有了仕女風格的長褲，女性開始有了正當的「長褲權」）。

更有趣的，還是：她向John Lobb訂製了耗金百萬的一雙靴，不為叫人看得出名牌與不斐造價，只為了替自己迎來一份百年名家御製鞋履的稀珍體驗，這份奢侈真是大者之器，所寵幸的，正是自己尊貴的雙腳、而不是面子，多麼可愛……。

神祕高小姐的時尚人生，從只做自己想望的事，「恰好」展開，隨之航向無比豐盛美好的時尚人生，既入世又唯美。而貫串其中的，是一件件意味深長、天機若現的，有意義的巧合（meaningful coincidence）。

希望你的閱讀，與我一樣，感覺受到啟發、感覺豐收、收穫滿滿……。

虹策略品牌顧問公司執行長 石靈慧

推薦序　台灣時尚界的高雅典範

胡德如

Lilian就是天賦加努力的最佳寫照。

除了與生俱來的眼光好品味高，膽識、熱情與意念的堅定並力行，使得她從一連串的巧合，促成了許多不尋常的際遇，因而Lilian從初始一間小店，一站一站地迎來大家爭相朝拜的時尚大殿堂。

Lilian的工作表面看起來光鮮亮麗令人稱羨，但所有的光鮮亮麗背後，都有不足為外人道的辛勤付出，與數不清的細節需要照顧。她的智慧與對時尚的敏銳度，總是讓她做出正確的判斷，優雅文弱的外表下有著堅毅的心志，永遠以最高的標準要求自己，也因此成就了人人稱頌的Club Designer。

和Lilian聊天時，聽她說過一些令人瞠目結舌的故事後，就一直慫恿她出書，來記錄自己始終摯愛並全心全意投入的歲月，也是讓愛好時尚的人士，能對這個神祕的產業一窺究竟，要用一種如何得體又專業的態度，來贏得客人、廠商、員工的敬重與信任，Lilian在書中都一一用輕鬆的口吻，分享這些極致難得的場景，令人佩服她的傑出成就。

除了熱愛也擅長安排工作的她，也能對各種不同類型的旅程樂在其中，悠哉地享受箇中樂趣。除了書裡提到的東方快車、非洲狩獵等六星級行程，也會選擇在英國、義大利的鄉間，在寧靜中沉澱思緒。這些養分都滋長了她的成就。在每一摘故事中，看出她的美好人生，不僅是因為各種巧合的串連，她的個人特質，機敏貼心智慧與努力，才是真正造就這段長達四十年奇幻旅程的主因。

二〇二〇年，Lilian瀟灑地告別了她一手播種、養育、收成的Club Designer，開啟另一段人生篇章，身為台灣時尚界的高雅典範，是一個傳奇，永遠讓人津津樂道。

設計師．關傳雍國際室內裝修股份有限公司負責人　胡德如

推薦序　做自己真正熱愛的事

徐淑雯

我在時尚媒體業打滾了二十多年，因工作關係必須經常關注時尚動態，此外，本身我也是Club Designer複合式精品店的忠實消費者。一直令我印象深刻的是，它獨樹一格的選物品味，以及對國際新銳品牌的關注與積極引進。高姐從經營大龍市場的四千元店面開始，一步步累積出好口碑，以至於後來受邀參與各大時裝週，在時尚流行產業占有一席之地；然唯一不變的是，高姐對品味的追求和熱愛。

擔任《ELLE》雜誌總經理的期間，與Club Designer成為工作上的合作夥伴，我因此對高姐有更深一層的認識。高姐總是以高貴優雅的裝束出席工作場合，神情從容自若，舉手頭足間散發著端莊秀麗的氣質，她話並不多，遇到人也只是微微一笑，輕輕頷首。如果說，有些品牌經營人是熱情澎湃的表達者，那麼高姐就是一位沉穩安靜的傾聽者，用她自己的方式關懷身邊的人事物，真誠而溫柔。

或許正是因為高姐善於聆聽的性格，在她親自經營店面的時期，不少客人會向她訴說內心的煩惱與苦悶，成為無話不談的好友。回想起二〇一一年左右，我前往上海工作，當時高姐也經常受邀參加國際品牌在大陸舉辦的大秀。我們一直保持著聯繫，由於彼此對生活的想法與理念都相當接近，漸漸地，我和高姐成了相知相惜的朋友，時常互相關心，彼此扶持。

即便如此，在閱讀這本書時，我仍然不禁要為高姐的創業歷程，特別是精采豐富的時尚旅程，由衷感到驚喜與讚嘆。高姐白手起家創辦Club Designer，經營了二十年之後，更將視野轉移到國際，她不只實現了自己的理想，還進一步成了台灣和國際時尚接軌的重要橋梁，讓更多人有機會認識台灣。

在成功的背後，高姐面對著市場的變化和業界的起起落落、激烈競爭，從不曾輕言放棄，乃堅持了四十個年頭。高姐堅毅果斷的性格，讓她可以在危機時做出精準的判斷，加上天生的美感和品味，以及母親在創業時給予她的諄諄教誨，讓她克服了一次又一次的難關。

專注於完成內心所向的高姐，或許沒有想過會有今天的成就，但她找到了一份真正熱愛的事業，並將全部身心投入其中，這點令我十分敬佩且深受感動。從書中真實生動的人生故事，你可以看到她對於細節的不肯妥協，對於品質的極致要求，也可以感受到她閃閃發光的時尚靈魂。如今，她代表了一整個世代的時尚精神，想必未來，高姐也將繼續以優雅的姿態，做著自己喜歡的事。

Tatler Taiwan董事總經理　徐淑雯

推薦序　有一種時髦，你永遠學不來

張景凱

有一種時髦，你永遠學不來，有一種優雅，你有錢也買不到！高大姐是我認識眾多女性名人當中，最時髦也是最優雅的！說這句話不怕得罪人，因為事實真是如此。

從時髦的唇膏開始

如果讓我用一個顏色來形容心目中的高大姐！那絕對是裸色。我永遠記得十五年前第一次幫大姐化妝時，在直覺驅使之下，我從化妝箱裡拿出了一支極低彩度的時尚裸色唇膏，通常這種色調只出現在攝影棚拍攝時裝大片時給肅殺的酷臉超模們使用，而且老實說，這種裸色真的不是容易駕馭的色彩，因為不夠時髦的普通人用了不是沒氣色就是先老個十歲再說。當時我其實默默捏了把冷汗，心裡想著高大姐會不會覺得我瘋了，而且我也覺得應該不會再有下次合作了。可就在堅決下筆後，應證了我的顧慮完全是多餘的，那抹妝點在大姐唇上的米裸色唇膏真的是驚豔全場，完全體現了經典裸色該有的時尚態度，完勝一卡車名模！自此，大姐總是把她出席重要場合的妝容交給我打理，而那隻裸色唇膏至今還是我化妝箱裡存放的祕密武器。

大姐優雅的祕密

看盡了時尚的興盛與繁華，在我眼中的高大姐身上有種回歸純真的樸素美感，這是時尚圈的人身上少有的特質。其實數年來每每見到她身上的穿著總是簡單素雅，但總是可以好看的不可思議，即便只是一件普通的白色T恤，在她身上也可以呈現無懈可擊的優雅與完美。總結了我的觀察後發現，真正擁有極高衣品的人的共同特點就是，最終他們都只選擇最低調與最簡約的衣服，他們真正在乎的是服裝本身的剪裁和質感，而不是追求過於繁瑣的表面裝飾。回歸到最純粹最原始的樣貌，才是經的起時間考驗的永恆經典，這層領悟就是我活生生從大姐身上學習到的最珍貴的寶藏。

期待切仔麵之約

愛買、愛逛、愛美的我，其實也是Club Designer長年忠實的顧客和粉絲，在男裝部門的貢獻也不算少，我衣櫥裡最輝煌的戰利品和像藝術品般的服飾收藏，都是在大姐的店裡購入的，我常開玩笑說，大安旗艦店的柱子我至少貢獻兩根。在Club Designer購物總是充滿驚奇，就像這本書裡提到的，顧客在這裡可以輕鬆自在喝杯咖啡，沒有壓力地挑選喜歡的衣服，但更令我嚮往的是，有一天能夠重溫當年高大姐在解憂小店裡招待顧客吃著切仔麵和米粉湯配小菜的場景，這種衝突感的派對是不是也很時髦呢！期待～

KAIBEAUTY品牌創辦人・彩妝大師　張景凱

自序

追尋美好、是我的本能；
融入美好、是我的意念；
分享美好、是我的努力。

感謝上天……

讓我能夠看得到美好，持續地讓美好引導我、感動我、啟發我、提升
我，容許我能夠不間斷地學習，不斷地成長。

感謝上天……

讓我能夠選擇，能夠做自己喜歡做的事，
感謝祂，透過我所能做到的、所完成的事情，來驚喜我，
讓我知道，一切的努力，所經歷的挫折，任何的犧牲(如果有的話)，
一切，都是值得的，
因為我所得到的回饋、收到的禮物，更大、更多。

感謝我的父母親……
給了我需要的天賦，更傳承給我作為生意人的良善信念。

感謝我先生……
我了解，對一位典型的台灣男性來說，那是多麼的不容易：
有時候，無意間、竟然讓他被視為太太的保鏢、隨從或是附屬品。
感謝Peter用他的忠誠與支持、一路提攜著我。

感謝我的女兒，

她們讓我心無旁騖，能夠專注在我的工作上，她們是我的吉祥物。

感謝所有支持我的貴人摯友，和工作夥伴們，讓我的時尚生涯處處充滿著驚喜以及繽紛的色彩。

高秋鴻

part 1

如夢似真：一場奇幻旅程

你不會相信，這一切，全都是無心插柳而來的「柳成蔭」呢！這整個故事，即便對今天的我來說，依然就是一場如夢似真的奇幻旅程。

借用尊敬的朱平先生的話：「我們都是幸運的一群人，處在對的時代，再加上努力，做別人不願、不敢做的事。如此而已！」

01 一封紅色請柬

被法國時尚圈暱稱為「頑童」、英國時尚圈直呼他「阿飛」的天字一號設計鬼才——亞歷山大・麥昆（Lee Alexander McQueen），他奇蹟般的才華，衝撞了二十一世紀人們對穿著的思維與想像，影響力甚至從時裝界蔓延到流行文化，而他的人生，也成為了一場驚世傳奇。

麥昆最讓人惋惜的，是他在四十歲、聲望最巔峰的時期走了……

二〇一〇年二月十一日一早，我是先被媒體發出的新聞消息嚇醒：昨天夜裡麥昆在倫敦梅費爾（Mayfair）的寓所自盡……次日早上，才被前來上工的男管家發現。時尚圈聞訊，反應錯愕、悲痛不已……

報導還說，其實再過一天便是麥昆準備為母親舉行喪禮的日子。

同一時間人在倫敦的小女兒怡，清楚記得這個震驚的時刻；由於她本身是個麥昆迷，另一方面，也是因為幾個月前，她才向麥昆訂製一個特別的禮物要送給我，為了給我一個驚喜。

麥昆離世的消息，讓我心情起伏不已，感覺憂傷、惋惜，並且無法理解，腦子裡一直想著：為什麼？怎麼可能？好可惜！外界臆測：接連失去摯友伊莎貝拉．布羅（Isabella Blow）與摯愛母親的痛苦，使原本就已經脆弱的麥昆感到萬念俱灰，甚至，無法面對即將到來的母親葬禮，就走了。

現在回想起這個噩耗，儘管已經發生了十年，當年感受到的震撼與不捨，如今仍然迴盪不已。我始終徘徊在心裡的嘆息是：一個看似上天下地、無所不能的天才，心靈原來是這麼脆弱的！

更驚訝的是，之後的一天，我們在台北收到了一封信，裡面裝著一張紅色的請柬，但那並不是平常看秀的邀請函，而是去參加麥昆追思會的邀請。時間就在下一場倫敦時裝週之前，地點是倫敦聖保羅大教堂（St Paul's

Cathedral)。

麥昆一向是我與怡都非常讚嘆的時裝設計師，我們決定開始採購麥昆的衣服，是十幾年前的事了。他著名的天馬行空、想像力無窮的創意與作品，在我的店裡幾乎年年都是銷售第一名，一直到現在，顧客對他的作品，依然熱情不減。

這麼多年來，被我納入採買名單的Hi-Fashion時裝設計師與高端奢侈品品牌，約在七十個上下之多，但通常每過幾年，我們就會汰換一些品牌；唯獨麥昆，總是穩居在我的首選單裡，不僅為它優先排下訂單的預算，我們還固定將麥昆每季的時裝大秀，排在最優先的行程。

十多年來下來，通過一年兩季，每年三、四趟的選品採買，銷售、欣賞、收藏，一路感覺上，我們跟麥昆真的已是熟悉得不得了的老朋友！對一位令自己讚嘆的藝術家，欣賞、溝通是不需要實際交談的，從他呈現的時裝秀、他的作品裡，足夠令我感覺得到一種關聯，可以說這是種緣分，抑或

是心有靈犀般的「另類接觸」？答案或許都是。

那張奇特的紅色請柬十足震撼了我。出於感念與麥昆難得的緣分，我立刻決定專程前去參加，或許，一方面也希望能為失去麥昆的設計團隊集氣，我心裡這麼想。

印象深刻的是，追思會來了好多重量級的名人。這場由時尚圈的大人物特別發起的追思會，可謂實至名歸。麥昆，幾乎是全世界所有頭號時尚偶像的「閨蜜」，而她們每位，也都不約而同的，用麥昆最得意的作品來裝扮那天的自己，隆重地現身在會場。

我們在外頭安靜地排隊等候進場，後來才意識到，等待的時間，遠比之後在教堂內的追思會的儀式還長。當天進場後也要由工作人員引導，分區入座，這一切的規劃，就跟參加一場時裝秀一樣。

現場目擊到名模娜歐蜜・坎寶（Naomi Campbell）以一襲黑色羽毛裝出席——之後我特別一查，發現她腳上踩著的銀跟高長靴，還是麥昆過世後才

發表的新作品；當今高級訂製服的首席買家、健力士啤酒大王的女兒達芙妮．吉尼斯（Daphne Guinness）一直是麥昆的繆思兼收藏家，她也穿著一身合身俐落的毛呢洋裝，一貫踩著麥昆為她設計的超厚底、超高跟長靴，還拎著個小包。一身黑的她們，都空出一隻手拿著那封「紅色請柬」。

《VOGUE》總編輯安娜．溫圖（Anna Wintour）也出席了，被電影影射為「時尚女魔頭」的她（對時尚相當有貢獻的安娜，一生看來就這麼被貼上標籤「惡魔化」了，我感覺也太難為她了），一樣是墨鏡、鮑伯頭的扮相，大概是教堂前突如其來一陣大風，吹亂她平日一絲不苟的髮型，讓她不得不以手護住，這畫面正好被《紐約時報》捕捉下來。其他，包括麥昆生前的好友，名模凱特．摩絲（Kate Moss），演員莎拉．潔西卡．派克（Sarah Jessica Parker）等也都一一現身。

整個場面讓人感受到莊嚴，但並不沉悶，甚且處處充滿我們熟悉的時尚「細節」，說那是一場「秀」也不為過。不知主角麥昆，是不是也在空中調皮

地參與了……。

儀式從聖保羅大教堂裡悠揚的管風琴奏樂開始，有牧師主持，有唱詩班合唱。偌大的聖保羅教堂幾乎被坐滿，除了名人，我也看到很多熟面孔，他們是來自各國的重要買手，我們在採購室常常會碰見。最後，儀式結束前，有位牧師拿著一個漂亮的藤籃，走到每位賓客面前，原來是教堂的賽錢箱，我也隨喜投了一些。

驀然想起，我們在二〇〇九年秋季，來倫敦參加的二〇一〇春夏Collection發表會，就是麥昆出席的最後一場秀，也就是他最後一次的秀場謝幕！誰會知道呢?!

那真的是一場超級震撼的秀，麥昆讓模特兒們全部穿著他代表性的「Armadillo」犰狳鞋出場走秀。那款犰狳鞋，是長得像穿山甲般很怪的高跟鞋，女神卡卡後來也多次穿上這款鞋演出。

現場每位模特兒身著爆出各種奇異圖騰的前衛服飾，在伸展台上，夢遊

般的來回遊走。麥昆的才華也包含劇場氛圍設計，他運用架在伸展台兩側軌道上的大型攝影機，猶如外星機械手臂般，隨著模特兒的台步，來回拍攝、送出影像，讓整個秀場浸淫在前衛、奇詭的聲光影像氛圍中。

我自己也覺得彷佛置身於外太空星際，或有如身在深深的海底異域裡……那是非常奇異的體驗，很感動、很震撼，還會想掉眼淚！心裡竟然想到：那兒，或許就是麥昆的、也或許就是我的……家鄉呢！這種意外的另類接觸，是我心中會永遠珍惜的，深刻的感動體驗——與麥昆！

那天在模特兒全部走完後，麥昆照例走出伸展台，揮手謝幕。整場觀眾鼓掌的畫面裡，就在那短短十秒鐘裡的最後三秒，女兒眼尖發現，竟然有個我的小小身影也在其中閃現……麥昆與我同框呢，好珍貴啊！

02

向麥昆訂來的大禮

若按原來時程，麥昆應該在為即將展演的二〇一〇秋冬Collection卯足全力、催生之中，由於他突然離世，預備在倫敦時裝週展演的秀，只能取消。而在他的團隊終於奮力補上麥昆未完成的系列後，「最後的麥昆時裝Collection」，終於得以移師到三月中的巴黎時裝週發表。

我仍然記得很清楚，那一季在showroom供各國買手下單的時裝展示間裡，那分特別安靜的氣氛。面對著絕世才華麥昆的最後絕作，每位採買家似乎都與我一樣不勝唏噓，充滿殘念，或許也在心裡進行著另一種深深的道別，與投向「星際異域」的祝福。

突然面對著最後的麥昆系列，我猜每位採買家，都應該會使勁訂很多吧?!最精彩的設計師時裝，適合收藏，值得如藝術品一樣對待，更別說是麥昆的最後創作！

麥昆的最後Collection，是以拜占庭教堂壁畫藝術所發想的設計，面對著那既華麗卻安靜的Collection，竟使我感覺到一個含蓄得出奇、安詳得很不尋常的麥昆。或許，生前在創作這個系列時，他已經感應到終極的寧靜，心念已經無比接近天使之美、永恆的境界了……。

剛好就在那年，女兒準備為我工作滿三十週年舉辦回顧展，先前她請麥昆為我設計的一份神祕紀念品，也剛好送來。

那是一件神祕「大」禮，為了給我驚喜，事先她們刻意瞞著我，所以我並不知道麥昆為我設計的「大」禮到底是什麼。

那份體積很大的「大」禮，終於做好了之後，被運到台北，再送到我面前，同事為我費了大功夫才終於拆封。一看，啊，原來就是麥昆著名、不供銷售的家具，一張特別為我訂製的「蛋椅」！

在這蛋椅黑得發亮的底漆上，設計師繪上了滿滿的，翩翩飛舞的蝴蝶，白、黃、褐色的蝴蝶……，而整張椅子圓弧如蛋，一無接縫，一體成型，好美妙、引人遐想。

「麥昆很喜歡蝴蝶、蛋，或是繭，都代表了重生……」女兒對麥昆自有一番研究。所以許多他設計的衣服，也常見以蛋，或是繭的形狀作為發想，特色都是：沒有接縫。

看著那只蛋，我心裡有些寬慰，同時也有幾分惆悵，還隱約感覺到，似乎收到了奇妙的訊息……

原來麥昆早就以蝴蝶暗示了：向死而生，絢爛走一回，精彩的生命，也可能就像煙火一樣啊！而生命本是如此，我只能嘆息。

女兒為我準備的這份「大」禮物，巧妙地成為了麥昆、我，與她們之間，深刻的「另類接觸」。

03 天天看時裝秀的華麗人生

許多年輕人的夢想，是成為時裝設計師，還有許多孩子夢想著有朝一日，能夠去到巴黎、米蘭或紐約時裝週，參加設計師的大秀。即便現在網路上要看到時尚大師發表新作品的即時秀，是再容易不過的事了。但我猜，他們知道，現場看秀的體驗，與看影片一般的看秀，是兩回事。

這就跟參加熱門演唱會、聽歌劇，是一樣的道理吧？人在現場聽，與在電腦上看，得到的就是相當不同的體驗。

所以女兒告訴我，她的朋友都說，我們每年有好幾個月的時間，是在歐洲「天天看時裝秀」度過的，這種生活型態，當然是備受旁人羨慕的一種「華麗人生」。

參加時裝秀，看什麼？當然看的是，那位設計師最新發表的服裝以及飾品的設計，還有搭配、造型、化妝、髮型等等。然而直到我們開始參加麥昆的時裝秀，才發現他的秀更是大有看頭。身歷其境，要看的、要感受的，實在太多，也因此，常常使我們忙得沒來得及看清楚服飾，真的是這樣子！

女兒怡，是引起我開始注意麥昆的主要原因，那時她在倫敦聖馬丁上學。多年來貼近觀察麥昆的她，有些心得：

一九九九年麥昆發表了，秀名就叫《第十三號》的一場秀。此即為麥昆的第十三次發表 Collection，13這數字對西方人而言多是不祥，而調皮叛逆有名的麥昆，當然全然不忌諱。在這場秀裡，麥昆讓身障奧運選手艾米・穆林斯（Aimee Mullins），踩著木雕義肢做開場模特兒，閉幕則是由曾經是芭蕾舞者的名模夏琳・哈露（Shalom Harlow）擔綱。她穿著全白A字蓬裙，站在中央的轉盤上旋轉，任由兩根機械手臂朝著她噴墨。有評論家解讀，說這是重新詮釋《天鵝湖》中垂死的天鵝，也有人認為是呼應希區考克電影

《驚魂記》中的一幕——女主角被一位精神病凶手謀殺、血濺浴室。

「無論如何作解讀，這場秀空前的成功，讓他立刻得到爆發性的評論注目！」怡就是這麼說的。

正是在看完麥昆的那場大秀之後，我們才決定開始採購麥昆，發覺他潛力無窮，也覺得應該為台灣的顧客特別做選品採購，讓Hi-Fashion的愛好者有更好的機會，享受麥昆更原汁原味的創作系列。

麥昆呈現的每場秀，都有奇異震撼的氛圍與主題，場場總給人無可預期、超乎想像的視覺體驗，搖動觀者豐富的感觸。

剛開始我真的也看得「似懂非懂」，但肯定會被整場秀所震撼與感動，比起其他設計師的秀，麥昆天馬行空、想像力爆發，創意揮灑不盡的秀，總讓人回味無窮，也使我似乎感應到一份更特殊、深刻的接觸。

另一場印象特別深刻的是，麥昆二〇〇九春天展演的同年秋冬時裝秀；就在舞台中央，麥昆堆疊起一座高高的黑色垃圾塔，由黑色垃圾袋與各種黑

色廢物料積累而成的高塔裡頭，包著一棵生病的樹，台上走動的模特兒，全面穿著各種千鳥格紋布料設計出的套裝，配著奇異有趣的帽子，而她們「很禿」的臉上，一致化上了超級誇張、巨大無比的大紅唇……每個「look」或經典高雅，或奇詭而前衛，也有特別賁張狂躁的，甚至，他讓模特兒有如漫畫一樣，融入了千鳥格紋、成為其中的一部分。

「那場秀的主題就是關於麥昆的母親，高塔裡代表生命的那棵樹變成黑色，象徵他的媽媽生病了。」看完秀，怡如此解讀。

她認為：「麥昆曾經擔任劇場服裝造型，他的秀可直比英國West End劇場的舞台劇，甚至值得當作行動藝術來欣賞。」

還有人曾經說過這樣的話，我也完全同意：「在麥昆時裝秀裡，看的是戲劇、是詩篇、是概念，甚至是他嘗試說的話——沒有運用語言的說法，但肯定不是一般人眼中的唯美，常常它還很驚悚！」

儘管每位設計師的每場秀，都必須試著挑戰「語不驚人死不休」的準則，然而也並不是每位設計師，都能像麥昆作秀一樣，場場都是創意揮灑不盡的驚天之秀，所以，在其他秀裡，看秀歸看秀，我可是醉翁之意不在酒呢，因為真正的重點，其實是在每個秀場之後，排下來的一系列showroom行程，在那個時候，我的採買工作，才正式開始。

大約是在二〇〇三年前後吧，我發現到米蘭帶貨不再那麼有意思，於是做了改變。為了能採買到更具指標性的設計師作品，於是我轉戰四大Fashion Weeks時裝週。從此以後，成為我採購行程的主軸：紐約、倫敦、巴黎、米蘭等四大時裝週，是全球時尚產業在歐美四個主要國家的時尚首都，舉辦一連串的秀，展出頂尖時裝設計師新作品。

跟著時裝週的秀與展來採購，由於是為了半年後的下一季、預下訂單的採購模式，而且整個Collection還須看完、挑好，比起以往直接從現貨裡挑選的採買，需要更大的預算，與更能掌握趨勢的眼光。

「紐約時裝週」是我第一個參加的時裝週，我的採購生涯，於此進入了另一個全新的頁面。緊接著紐約之後，我會飛到倫敦、巴黎、米蘭，一連串的參加每個時裝週，完成採買的行程，這麼下來，一年兩次至四次，周遊時尚列國，使我成為某種「時尚空中飛人」（Fashion JetSet）！

啊，說了半天「時裝週」，不能不提一下這常常被問的問題：

由於「時裝週」，並非向大眾公開售票的球賽或演唱會，而是有限地開放給採購家、媒體、名流的「閉門展演」，所以，如果有人問到：如何獲得設計師品牌的邀請函，如何得到入場證？花多少錢，才可以排到恰當的、最好視角的位子？那麼，儘管你非常想參加、極為樂意付費，最不叫你失望的回答是：請看網路影片。

04 紐約時裝週看三種秀

起了前進「紐約時裝週」的念頭之後，我陸續取得了幾個看秀的入場邀請，其中，設計師麥寇．克爾（Michael Kors）就是我的頭號目標。

終於到了上飛機那天，我穿著自己最欣賞的Michael Kors喀什米爾毛衣，登上華航頭等艙，想著就要到紐約市看Michael Kors的秀，一路上很興奮，此行也是我第一次去紐約。

從台北出發，班機在半夜啟程，終於降落紐約時，剛剛入夜，我想起彼得．梅爾（Peter Mayle）《關於品味》（Acquired Tastes）裡所描述的：紐約街頭四處可見的林肯加長型禮車……好，既然來了，我就要有品味地、恰當地體驗一下！於是從機場到市區，在車上，我開了香檳搭配魚子醬，放眼欣賞窗外奢華美麗的曼哈頓夜景，心裡想著說：紐約，我來了！

紐約人似乎特別喜歡秀，時裝週的秀一場接著一場，我看的第一場秀就是Michael Kors。秀場外人潮洶湧，我頭昏腦脹地被擠進了會場，由接待人員引導入座。突然間現場一陣騷動，閃光燈此起彼落，我看到一個鮪魚肚男人，頂著一頭很特殊的金髮，擁著一位也是金髮的美女進場。我說：那男人是不是戴了假髮？啊，原來那人是川普！當時，他還是著名的紐約地產大亨。

「紐約時裝週」舉辦的場地不只很大，秀的場面也很壯觀。在現場，當你看到每個秀用了六十到八十個模特兒、一個一個魚貫出場的氣勢，會感到相當浩大。這是時裝界的「大拜拜」，一年要辦兩季：春天時，秀六個月後的秋冬新裝設計；秋天時，秀六個月後的春夏新裝設計，可以說，是提早一季放送未來的流行趨勢。

緊接著，結果就看媒體露出篇幅的多寡，時尚評論有沒有正面、或寵愛式的報導，採買家有沒有下個好訂單等等，所以說，這個大秀，對於品牌與設計師，樣樣都是大事，尤其是對於新人設計師，更是生死攸關的挑戰。各家品牌唯有使盡全力、想方設法，有錢砸錢，沒錢也得借錢來砸錢，動用最大量的創意，無所不用其極以圖得一鳴驚人的效果。

那個時期，參加紐約時裝週的年輕設計師品牌很多，非常競爭，華人設計師Alexander Wang，王大仁的作品，就是我在這個期間，領先引進台灣的。Jason Wu，吳季剛也是我發掘的。

我與美國設計師的淵源，說來很久了！連美國老牌設計大師奧斯卡．德拉倫塔（Oscar de la Renta）也是我在更早的時期，帶進台灣的……這麼說，會不會顯得我太得意呢？

在紐約那兒，你會看到三種不同的秀：一個是模特兒走在伸展台上的秀，一個是大駕光臨的名人、明星的秀，還有一種是來看熱鬧的人的扮裝秀；他們是使得秀場外、人潮格外洶湧的原因。許多對惹人注目上癮的人，會穿著奇裝異服，做誇張打扮在秀場外遊蕩，吸引眾人目光。然後你就會看到蒼蠅般一群群的媒體與狗仔，圍繞在他們身邊拍照。以上說的三種秀有各自成趣的景觀。

參加時裝週這麼多年下來，我的感想是：「紐約時裝週」比較商業化，相較之下，歐洲的「時裝週」，連秀場場地的選用都比較有藝術氣息，去看秀的人大多是為了工作的專業職人、業內人士，倒是作怪、湊熱鬧的閒人就少多了。

有別於過往到義大利採買的路徑，來到紐約，面對全世界最繁華的大都會，規模龐大的時裝產業，讓我開始意識到，真正與Hi-Fashion接上了軌！我依稀記得，Michael Kors的showroom在第五大道的五百多號，氣派又豪華，而排定給我的採購時段，還是由設計師本尊Michael Kors親自接待！我記不得當時他是不是即將加入Céline，成為品牌的創意總監。

那一回，我也去了波恩莎・秀羅（ProenzaSchouler）在中國城邊界的展

示間，同樣，也是由設計師親自接待。在他們還不太有名氣的時候，第一次在這個showroom，我就下訂了一件百萬元的皮衣，可能有些瘋狂，但從第一天開始，我就一直很喜歡他們的設計，自然地我也領先為台灣引進了ProenzaSchouler。

來紐約參加時裝週，給了我一個重要的啟發。我發現了自己更感興趣的，或許也是我一直在尋求的採購方向，心想：「啊，早就該踏入Hi-Fashion奢華時尚的領域！」於是我向自己宣示：Hi-Fashion，我來了！沒錯，就是紐約，使我開始調整時裝採購的導航座標。

往後幾年，由於想採購的品牌越來越多，一年兩次的採購行程，就緊跟著時裝週走。從紐約時裝週開始，結束後我就到倫敦時裝週，倫敦完了再到米蘭，米蘭之後又到巴黎，而且多數時候都是在趕場，根本沒辦法每一場想看的秀都看到，而這樣的一個行程，一走要一個月才走得完，如此每年我得要花掉至少四分之一的時間，走這個行程。

不過約莫近十年吧，我只到米蘭和巴黎時裝週，紐約就少去了，一方面因為這幾年，很多品牌包含英美設計師，都會在時裝週期間，移師到巴黎或米蘭作秀，也會就近設立showroom，譬如來自英國的Burberry會在米蘭時裝週走秀，義大利的Dolce & Gabbana也會有秀在巴黎時裝週。紐約設計師從時裝週出走，似乎也形成了一個趨勢。

後來漸漸的，連倫敦時裝週，我也少去了，為什麼呢？由於它的主辦單位傾向栽培新銳設計師，很多學生作品也能參展。新人設計作品的實驗性高，比較忽略市場性，設計師的國際形象也有待建立，我考慮到在台灣不容易為它找到夠多欣賞的顧客，是我少去的原因。

畢竟對採購買手來說，紐約實在太遠了，排上它，行程只會拉長得多，就連美國的大採購家，相較都喜歡、也覺得必要，到歐洲花掉最主要的預算。聚焦歐洲，選擇放棄紐約時裝週，變成是比較「時間經濟」的作法。

話雖如此，有幾個重點秀，當然是一定會專程去看的，包括我後來代理史黛拉・麥卡尼（Stella McCartney），她的秀就一定會參加。還有，麥昆的每一場秀，我更不可能錯過。

05 我的巴黎一天

任何一個時尚圈內人都知道，「巴黎時裝週」是四大時裝週之中的重中之重。

在「巴黎時裝週」的這段期間，巴黎是地球上最緊張的熱點。全球時尚圈、媒體、我們業內人，甚至包括全世界的時尚觀眾，幾乎都屏息以待著，期待能夠看到頂尖設計師再一次攀上設計高峰，推出讓人驚豔不已的新作品，或拋出影響趨勢的宣言，呈現具有趨勢指標性的大亮點……

在這段時間，整個巴黎市中心，似乎沸騰起來。有巴黎人形容，這是「逼近瘋狂」的。因為全世界所有的高端時尚品牌、名人、媒體、採購家、買手、代理商都會湧進來，而所有的高檔飯店早在六個月前，就被預計前來參加活動的人士訂滿，幾十年來情況都是如此。

數百年前開始，巴黎致力成為「時尚的震央」，結果也一向如此，那種景象、那種品質的高度，只有在「巴黎時裝週」，卻不是紐約、倫敦、米蘭、東京，甚至上海可以比擬的。

不過，我們都感嘆說，近年來，真正耳目一新的原創、全新的體驗，即便在巴黎，怎麼也越來越少了？怎麼一回事？為什麼設計師大家都互相抄襲，輪流做一樣的設計？難道「時尚已死」？發出這種嘆息，好像也不過分。

時裝週期間，看秀之外，我們採購家、買手，會按著事先規劃的時程，到品牌的showroom下好訂單、完成採買，那才是我真正要辦好的大事！

在巴黎採購的每一天，我會提早在七點半以前就起床，簡單梳妝，挑一套品牌或風格適當的衣服穿上——今天該穿什麼出現這件事，我認為對一個採購家，其實挺重要的，當然只穿個一身黑，是很安全、不會出錯的，不過我比較隨興，也不想跟大家一樣老是穿黑色，好在每次帶去的那幾套輪著穿，總是能穿得挺自在得意的。

當然，我在行前，為旅程仔細挑選行頭這件事，絕對有幫助，這是已經養成的好習慣。

女兒通常是我的採購助理。我們習慣住的飯店，後頭巷子裡有個小餐吧，我迷上它每天早上新鮮出爐的私房可頌的氣味，我們點了簡單的三明治，再配上一杯咖啡，那就是我的早餐，雖然簡單，卻是幸福滿滿。

其實工作期間，我不會花太多心思在早餐，因為我一邊還要畫好前一天的訂單。

吃完，我們就坐上租來的汽車，前往showroom。在巴黎時裝週期間，永遠別想找到計程車，所以租一部專車是很必要的。這一天的行程，才不會耽誤。

這麼多年下來，我們對採購已很熟練，比較小的牌子，可能一個鐘頭就

挑完，比較大的，也許會預排兩個鐘頭以上，如果可以在早上九點就開始，一個上午跑完兩個品牌是可能的；通常早在一、兩個月前，各品牌就會發布它們showroom的地點與開放採購的時間，讓我們預約登記。

每個牌子的showroom都準備在這段期間，將世界各國採購家的預算掏出一大筆金額，每個showroom開放的時間表也都填得滿滿，排了各個時尚百貨賣場的採購團隊的工作時間。能夠預約到強勢的品牌、進去採購，當然不像看電影一樣，只要有票就可以入場，大概的意思，你了解吧？

雖說，規模大些的大牌子，會希望你先看完秀，這樣你會比較有整體的概念，所以供買手採購的Buying session，在時裝秀發表完後隔天才開放，但秀場位子一直很有限，排位子也以名流、品牌VIP與時尚評論家、主要媒體，以及英、美、日的大百貨公司的大採購家優先，來自全球市場的其他買手，若要能進得了秀場看秀，在品牌眼中還得要有相當的地位，所以，這些都是有潛規則的。

然而showroom裡，供我們下訂單的樣衣，卻通常不會有整個秀的秀服。某些款式只是作秀用的，比如說，注重作秀、拼效果的品牌，伸展台上若有爆發性的亮點款式，炸到你無法想像有誰能穿上身，那麼，你會說，那只是作秀用的！而像LVMH集團的大品牌，Celine、Dior、Vuitton，在showroom裡，總會看到相應調整得比較「市場化」、更合適「一般人」體型的設計。大家應該都知道在台上走秀的模特兒，穿2號4號的，身材那麼高、又這麼瘦，比起我們的顧客，當然並不是「一般人」。

在小牌子採購則簡單多了，它們的品項少，不需要看秀，通常我只要在showroom看一下，就知道這一季有什麼新品是我不能放過的。

在showroom，採購與買手可以「觸診」每件衣裳、「檢查」布料手感，由於展示間的試裝模特兒常常要搶，因此我常常會用自備的模特兒——女兒，或是自己套套看，「穿上身」這點是很重要的，甚至我會把每根線頭都看個仔細。所以現在的買手，單靠著網路上看照片的感覺下單，對我來說，那是很不真實的。

中午啊，常常我根本沒有時間吃午餐，有時某些品牌會在showroom旁邊，為採購團隊準備小點心，更用心的還會供餐，像是麥昆，就會請外燴公司替大家準備餐點，讓我們感覺好像進到正式餐廳用餐一樣，范倫鐵諾（Valentino）也是如此。猜想品牌的員工在這段期間特別繁忙，公司趁機一起慰勞他們，也是應該的。義大利設計師品牌Dolce & Gabbana搬來巴黎作秀後，它showroom的餐廳，噱頭就很大，整個餐廳都布置得很道地，整體是品牌化的精緻氛圍。

記憶中，在米蘭時裝週，每個品牌showroom的供餐，都特別好吃！菜餚都是現點現做的，義大利麵、燉飯尤其不錯，還有我最喜歡的芝麻葉沙拉，再配上好吃的麵包！可惜，有時候我們趕到一個showroom，連去餐廳享受一會兒的半個鐘頭都沒有，只能拿個餅乾，隨便吃一下。

根據怡的觀察，她認為在showroom採購的我，相比起別人，動作超快：一進去全憑直覺，喜歡就喜歡，不喜歡就不喜歡，乾脆利落。

其實，我的工作目標是有鎖定的，首先是發現前所未見的好東西，選定想要採買回台北的新作品、下好訂單。而依照我的工作習慣，下單之前，我自己還必須先喜歡上那些設計，領先作為一個渴望將那件新品穿上身的顧客，這算是我的「選品準則」。

雖然很認真工作，也算是挺輕鬆寫意的，畢竟這麼熟了，我買什麼只要在預算範圍裡，就沒問題。自己是老闆，當然想買什麼、要買多少，都比較靈活有彈性。但我觀察到，連卡佛百貨的那些買手就必須要算得非常精準，因為預算是公司給的，買到超出預算、或買不滿預算金額，都不能隨便做主，即便是碰上大有賣相的好物，都得放過。他們下單還要照規定分配：上衣買一百件，下半身最少要八十件之類的，要抓好給定的比例。

因為我是自己做主，像麥昆的衣服定價都很貴，但若我覺得那個Collection很強，就敢於將喜歡的全部都訂下來，結果到時預算自然會爆掉，但我不會擔心。

所以我常常買得很快樂，好像買給自己一樣，看了喜歡就買。我就是這樣簡單的人，自己不喜歡的東西，很難賣給客人，所以沒有採購的壓力呀。反正我知道，只要是我喜歡的，回台北照我想要的樣子陳列好，馬上就賣出去了。

一整天忙得很，離開每個showroom後，我還要找時間畫單，畫完後傳給台北公司，讓同事們去結算、打單，再回傳到巴黎給我，還要再一一核對清楚。若我沒接受品牌的晚餐招待（巴黎晚餐是八、九點開始，用完餐回到飯店已是午夜了……），也是晚上九點鐘回到飯店後，才有時間開始做這件事，做到大約凌晨才能傳回台北，那時間就是台灣的清晨了，所以台北支援我採購的同事，也是滿辛苦的。

接下來正式下訂單、確認品項，或是交付訂金的事，都由公司同事接手處理。不過若是不夠熟、沒有採買過的品牌，我們還得用旅行支票作為下

單保證金。不過總是比以前在義大利、香港與日本，一切得用現金交易，方便得多了。

每天時間都不夠用，忙到沒空吃飯很正常，晚餐也不一定會接受品牌招待，不過我們還是會多少吃點熱的、快餐式的晚餐。有人聽了大嘆可惜，我們人可是在巴黎呢！

其實在showroom，常常我工作到七、八點，已經很累了，反而不會想吃法國菜，有時候圖方便，打算去日本街解決，可是一看到那烏龍麵店的隊伍排得那麼長，只好就地打消念頭。最後怎麼辦呢？去超市買炸雞塊便當回飯店吧，這是真實故事！所以你看，大家以為去時裝週就是穿得漂漂亮亮看秀……採購家高小姐巴黎的一天，卻不是大家想得那麼華麗悠閒！

我女兒曾對朋友這樣說：「我是愛吃的人，跟媽媽去時裝週，每天那樣奔波，我也覺得很辛苦，可是要我去吃那些幾百年前就要訂位的星級餐廳，我也沒興趣，所以晚餐我會找一些巴黎人會去吃的、比較小的餐酒館，帶她去……」而我，總是回報給她一臉恐慌、不肯配合的表情。

有一回，我只好勉強自己，陪她到一家小酒館，一看到裡面的高腳椅上坐滿人，擠得密不透風，人人都在喝酒，我立刻打算落荒而逃，卻被怡絆住，逃難失敗……。後來我們就擠在巴黎人中間，點了一整盤生蝦、生蠔，還有海鮮飯，喝了四杯白酒，狀況除了太吵，感覺還好，也沒太糟糕嘛。

買單時，女兒難得很滿意：這餐只花費了八十歐元，就搞定一切！她說，那才是真正法國人平常吃飯的好地方，即使是巴黎人，也不會每天去米

其林、正式高檔美食餐廳（fine dining）用大餐的。

吃米其林的確是種體驗，尤其來到巴黎，可是在這裡我最喜歡吃的，還是法國麵包，平時在台灣我不吃麵包，但這兒的法國麵包我真的很喜歡，夾個起司和火腿，就夠美味了。

時裝週的最後一兩天，大多數的時尚人都趕著回家進行後續作業，巴黎頓時顯得安靜下來。通常，我也會在一、兩天之後，離開巴黎前往米蘭，繼續跑完預定的採購行程。這麼多年來，每一季的時裝週採購行程完成時，我都感受到「滿載而歸」的歡喜，真的是如此！

米蘭通常是時裝週的最後一站，我在終於工作完畢後，才會有閒情下樓到飯店的花園，慢慢地享用一次「完整的早餐」。這時，也終於有機會好好回應四季酒店老侍者的親切問候，好好謝謝他，總是讓我感覺賓至如歸。

常常也就在同一個時空裡，我會遇見《VOGUE》的大人物安娜・溫圖女士，或許她一樣在飯店裡，享受著大秀之後，慢下來的步調！

幸福就是得以偷得浮生半日閒！此刻就該是在這一趟時裝週裡，為自己賺來的、最幸福的時光！

06 Club Designer選品：豐盛的時尚殿堂

當初我認識Lynn（石靈慧）時，有一次她來看我，對我說了一件事，現在想起來還覺得挺好玩，她說：「巴黎總部的大老闆，要我多多了解一下一位『神祕的』台灣時裝採購家『高小姐』。」

那個時候，Lynn是LVMH時尚集團的總經理，她除了直接掌理直營的大品牌，LV、Celine、FENDI、Loewe之外，還負責協助它們集團旗下、比較小品牌的市場發展，像Givenchy、Lacroix、Kenzo、Pucci等等。Lynn說，集團的高層，已經通過管道觀察「神祕的高小姐」一段時間，目的是作為可能的合作對象。

她繼續說，高層還更好奇的問到，「『神祕的高小姐』品味極好、非常優雅，然而她非常安靜，很少說話，是個非常特別的女士，不太像中國人，她真的不是歐洲人嗎？」我一聽，忍不住想大笑。高傲的LV集團在觀察我嗎？這真是有趣的消息。

記得那天晚上我在上床前，特地準備了十幾分鐘的時間來想想：LVMH為什麼觀察我？還有，「高小姐」需要與它合作嗎？

常有人問我為什麼不做品牌代理？答案很簡單：因為我希望我是非常自由的採購家。

這其中也只有守住一個大原則：不做代理，才不會被任何一個牌子綁住。早期我們認識很多大牌子都希望我們代理，如紀梵希（Givenchy）……好幾個，我都拒絕了，只因為我清楚，也最不貪心！在Club Designer的任何一個階段，我只開心能夠享受著採購自由、預算自由，尤其是一路走來，已經開發了這麼多的品牌與貨源，可以只挑我喜歡的下單，還可以在感覺FU很對時，就放手讓它「預算超支」！

反正「如果沒賣掉，我就自己留著用」——女兒說，這一向是我的採購名言。而即便我每次都這麼說，其實自己知道，當我很滿意地採購完後，就更會有動力去為每件好物找到對的買家、收藏的主人，好好的完成銷售。不過一旦售出，又不免要惋惜：怎麼沒將那好物私藏，留給自己！

「我們做生意，需要一點膽識！」這是我的另外一個金句，也就是說：自己所下的任何決定，都是準備好，要完全負責的。就這樣，當我的原則與動力都能繼續維持，自己就是個快樂的採購家。這就是很少說話的「神祕高小姐」心裡一直的信念。

真的，從一開始我是個外行，只知道我正在做的，是自己喜歡做的事，也只願意朝自己喜歡的方向發展（我的時尚事業，整個就是一場奇幻旅程，如夢似真，從頭說起也挺逗趣的，隨後就說給你聽故事）。一直到，我意念裡的形象旗艦店，終於達成了會所式的擴充。Club Designer就如一朵完全綻放、進入全盛時期的鮮花。幾乎可以說，已經實現了我眼中最想看到的、一個容許我們享受時尚所創造的豐盛之美的「如意殿堂」，亦即專家所稱呼的：複合式選品店。

說到「選品店」，雖然它看來是個新名詞，這樣的概念，卻是從我的第一家舶來品小店開始，這幾十年來，所一直在發展的模式，即便當時我一點都不知道這些名詞。

Lynn當了教授後，跟我分享了「選品店」的研究，剛好借用她的話：「『選品店』是時裝採購家的殿堂，經營『選品店』的本事，就是要有眼光超神、如同配有『時尚雷達』的時裝採購家，他們運用獨到的選品眼光，經營出自己的忠誠客群。『選品店』的採購家，是Hi-Fashion產業鏈中，另一群關鍵的時尚推手，而『選品店』也自我成就了它的『名牌』，這個名牌，代表了專家推薦，以及最炫好物的專家背書。」

從Lynn這個觀點看，也真的幫助我說清楚了Club Designer作為一個品牌、一個事業，在Hi-Fashion產業鏈中扮演的角色，以及我工作的性質。

不是誑言，Club Designer的選品眼光，的確成為了好多新秀設計師的伯樂，前面提到過、早期我們引進了：王大仁（Alexander Wang）、吳季剛（Jason Wu）、波恩莎・秀羅（Proenza Schouler），雖然一直並不是太刻意，但我們似乎就是業界的領頭羊，看得出來，我們的觀點、所作所為，是有些影響力、帶動力的，尤其作為設計新秀的早期背書。

「有了『選品店』幫他們開通了一扇大門，國際間許多默默無名、卻天分十足的設計師，包括新進設計師，終於得以成為搶眼的設計明星，都得歸功於先驅型選品店的採購，才得以被對的消費圈看到、受到相應的媒體關注。這就是：千里馬與伯樂的關係……然而眼光真正厲害的選品家，是非常稀有的。」Lynn的研究也這樣說。

另一方面，的確，Club Designer身為採購家親自掌理的高檔通路，擁有定位清晰的主顧客群，作為歐美設計師品牌的合作夥伴，雙方的利益，是相互依存的。

在最巔峰的時期，我們手上經營近八十個歐美高檔時裝設計師，或品牌的採購選品，還有其他超過六十個牌子都在後備名單上，隨時期待著我們去採買。

在合作久了的品牌眼中，Club Designer不只是難得的高檔通路，也成為信用與口碑都非常好的工作夥伴。再者，我跟這些品牌一樣重視形象，它們都知道，我呈現產品的方式夠用心，所以都很樂意跟我們合作。當然也因為，好的高檔通路夥伴不容易碰到，很難被取代。

甚至，偶爾當它們Collection不夠強，我買不出一個數量、不能滿足它們的最低採購額度時，品牌也會彈性地接受，甚至會謙虛地請教意見，以便協助它們改善。它們尊重我的選品判斷，也非常需要眼光真正厲害的採購家。所以說，品牌要健康地成長，就會更需要我們，這是難得的良性互動與好關係。

當然，我們還是會要不時的過濾、刪掉一些品牌，即使有多年的合作關係，好將預算開放給新開發、更有潛力的設計師，或是沒合作過的牌子。因為時尚的顧客，是非常需要新鮮感的，就像即使最厲害、最時髦的餐廳，也只會紅個三年，是一樣的。

在長期努力下，Club Designer已經是一塊響亮的招牌，成為選品類別的一個響亮的旗艦品牌。我們證明了，有幫助設計師培養顧客的能力，因而在國際時尚圈得到了很好的聲譽。選品能力、信用與口碑，一一都成為了我們經營Club Designer、積累起來的「品牌資產」。而其實我們自己再清楚不過，一切，真的是來自一點一滴的耕耘，一步一腳印積累起來的。

果然在媒體上，Club Designer被冠上台灣「複合式精品店龍頭」的稱號，成為主要的時尚媒體公認的最強「Hi-Fashion選品店」，我想我們在時尚圈與奢侈品界，也的確已經獲得了相當的認可，甚至，具有一定的「影響力」。

這影響力包含：我們的選品方向、選擇合作的品牌、連同新店的設計風格、陳列裝潢、貴賓派對等等。同業都將我們當作趨勢敏感的先驅，我們的動向、總見到同業跟著買、跟著做……跟「以前」，完全一樣！

而說到通路，連同旗艦店、Club Designer在規模最大的時候，同時間運營著九家店！坦白說，這些成績看在眼裡，我心裡的確感到值得欣慰。連女兒也說：媽媽可以有些自豪！

現在回想，當時是如何一路克服各種新的運營需求，面對雖然沒有準備過、仍然必須應對的挑戰呢？

從一家消遣自己的小舶來品店開始，到了某一天，具有了相當的規模，我們的採購訂貨投入的預算、人力，銷售端裝修新店，或擴張原店的預算，要增加多少？物流與後勤管理的團隊也要擴編，財務與數據管理的能力也要提昇到另一個層次，整個是一個事業、一門專業。

我們甚至自己處理媒體與公關，不假手於外包公司！擴大了大安路旗艦店之後，Club Designer Maison一如期待，成為一座

「會所式的時尚殿堂」，而我呢，除了選品牌、採購，找到對的建築師設計新店，陳列布置營業的空間，呈現我心目中豐盛的時尚殿堂，此外，要我面對其他的業務，其實真的全部沒準備好。不過心裡總是這麼想著：一切，就靠我們的團隊了。

你不會相信，這一切，全都是無心插柳而來的「柳成蔭」呢！這整個故事，即便對今天的我來說，依然就是一場如夢似真的奇幻旅程。

一路走來，感謝上天眷顧，降臨給我的一切幸運，賜給我許多的巧合、讓我看到機緣，一步步做出我最想做的事，還要感謝來自父母的好基因，讓我擁有一些天賦，給了我作為一個時裝採購家、最需要的好眼光。而如今完全綻放的Club Designer選品，可以說，就是自己眼中、享受時尚豐盛之美的如意殿堂，它不大、但無比精彩！

記得一位要好的朋友曾經說：若不是因為在台北，或許將來Club Designer就會像在巴黎的Colette選品店一樣輝煌！那兒是全球時尚買家的觀察站、時尚地標，舉凡趨勢觀察家、高端時尚的消費者、連同做生意的買手們，一來到巴黎，不管是來市調、血拚、採購、下單，一定要到Colette聞聞風向、做做功課，發現些什麼、好帶回家。

只可惜台北只是台北，不是巴黎……

借用尊敬的朱平先生的話：「我們都是幸運的一群人，處在對的時代，再加上努力，做別人不願、不敢做的事。如此而已！」

如果有人問我，人生若能重來一次，會不會希望當初做其他的選擇，不做這份生意、不做Club Designer？我會很快地回答：「若重來一次，依然想要這麼做……因為，一切我最想要的、最喜歡的、最想做的事，與最想追求的美好體驗，不僅都實現了，更超乎想像的是，我得到了好多犒賞自己的大禮物！所以，這樣很美好，恰恰好。」一笑。

part 2

神祕高小姐

晴光商圈的商家開始耳語流傳，說有一位在大龍市場那邊開店的，瘦瘦高高的神祕高小姐，「……眼光很好啦……很會幫你賣貨啦，還有（與生俱來的）品味啦……」一時間，我似乎變得很有名氣。

「神祕高小姐」故事的由來，現在就從頭細細說給你聽吧……

07 一門不想做的生意

我那善於分析的先生算過，說：做單一品牌的代理賺不到什麼錢，除非代理的是香奈兒、愛馬仕、LV！

「因為這些品牌夠經典，百分之兩百可以做。」

然而，這些年只見這些大品牌頂著集團的資金與市場攻略，全部採取了直營化的戰略，以至於不再釋出代理授權，會授出代理權的，只剩下弱勢的或新進品牌。所以LVMH集團若觀察我，有什麼合作的興趣，肯定不會是要找我做代理。

前面提到，我有一個大原則：不做代理，因為不願意被任何一個牌子綁住。

一直也聽聞行內敗下來的人說過：「做代理死得最快，要好很好、要倒就倒，運氣好，品牌真的走紅了，總公司又要收回自己做，再不，它當紅的時期也是相對短暫，因為市場喜新厭舊、潮牌週期很短，過了就什麼都沒了……」

簡單看，所謂代理，也就是「包貨」，你得按照品牌的規定，它們說你該賣什麼，你就必須買什麼去賣，等於要替它們推出的任何款式背書。然而品牌每季的新品不能保證一定有好賣相，當市場表現不好的時候，賣不出去的庫存會讓你周轉不動，但身為代理商，你便要一概為人作嫁。尤其是，假設這牌子紅了，它每年還會調高你購買金額的門檻，若現在的最少訂量是二、三十萬（美元或歐元），明年可能變成四、五十萬。

就這樣，你被掐住脖子了，我不喜歡，那不是我想做的生意。

話雖是這麼說，一度，我竟然自己打破了這個原則……

那段時間，市場競爭得很激烈，大家都在搶品牌去代理，考慮到過去，在國外採購名牌，歷經其台灣代理商的刁難；我們賣同樣的商品，等於跟他們搶客人，變成他們忍受不了的競爭者了。

雖說在商場上，用壓制別人的方式去搶生意，多少也算正常。總之這種趨勢，使我不得不考慮：或許該試著打破一直以來堅持不做的那個生意——品牌代理。那麼就嘗試一次看看吧，當作花錢學個經驗嘍！

我記得自己又對女兒說了一次那個金句：我們做生意，需要一點膽識，要敢冒險！

於是我們決定接受史黛拉．麥卡尼（Stella McCartney）的合作條件，作為它的台灣總代理！

當時這個牌子還很新，是二〇〇一年才成立的新銳品牌。因為它大眾化，價錢也比較容易讓人入手，可說是「輕奢」吧。我想到應該可以藉著它練習、考驗一下自己，經營年輕大眾市場的能力，因為過去我都是做主顧客的生意。我認為，只要是不懂的，沒做過的，就是學嘛！

二〇一三年開始，做了五年Stella McCartney品牌代理，這期間我們很認真地推廣，為了它在百貨公司開店、投了大錢裝潢專櫃，打造品牌形象的媒體公關預算，各種投資，從來沒有手軟過的。

但問題來了，我這個總代理，原來不是「獨家代理」，小小市場上，總是有源源不斷的「平行輸入」、同品牌商品來惡性競爭，它們還常常用過季品削低價格、打超大折扣來搶市，當然貨源也可能是仿冒品（如果這個牌夠潮的話），反正我覺得很難做得好。

向來Club Designer的經營實力是熟客，是慣於消費名牌與高端時尚的VIP，而Stella McCartney的定位是「輕奢」，吸引的是消費副牌的年輕大眾，是相對不同的客群，需要不同的一套耕耘手法。

等到五年約滿結束，我做品牌代理的事，也就此打住了，但這個決定是對的。花了五年時間，也花錢買經驗！做了這一門原來不想做的生意，只能這樣說：有膽識、敢冒險，但也要勇於……停損，如果終於確認，那依然不是我想做的生意，即使比較會賺錢，也就算了。

感謝通過那一門原來不想做的生意，讓我更清楚自己真正想做的，並非單純做個時裝零售商，以量滾量做買賣，追求利潤的那種生意。

我喜歡回歸原來，做那個自信、眼光不錯的，快樂時裝採購家。

08 老闆娘的時尚冒險

四十年前，從來沒想過做生意的我，有一天，竟然在市場邊租了個小小店鋪，懵懵懂懂間，意外地發現自己闖進了一個全然沒有基礎、卻又感到無限熟悉的行業。開了一家「舶來品店」賣衣服，只因為自己愛好逛街、看時裝，更因為心裡的一個想望：想要走進外面那個、我相信存在的、美好的世界之中；這個心思我是不敢告訴先生的。

想像一下這個景象：一九七〇年代末，台北街頭，一個推著娃娃車的少婦（車裡坐著的小女兒還不滿週歲），她逛著西門町的繁華街道，嚮往著自己少女時期向鄰居媽媽借來的那些厚厚的時裝雜誌裡（如《裝苑》等等），看到的時髦女郎；想像著巴黎花都、義大利米蘭，想像著時尚大千世界的美妙，但卻怎麼樣都不敢想像，有這麼一天，自己能夠身歷其境、漫遊其間……，當時那個少婦，就是我。

感謝這個小店，成為神救援似的一個「巧合」，讓當時需要走進外面世界的我，有了一家「解憂小店」，也讓我意外地展開了一場「時尚冒險」。

面對這個奇妙的機緣，開了店做起生意、當起老闆娘，雖然我充滿勇氣，但一切的一切，都得靠著自己摸索，我只能認真工作，努力賺點錢，將房租打平。這該是叫「摸著石頭過河」吧？走一步學一步。

但也似乎在某個不明的次元裡，就存在著一個為我設計的、神祕「導航系統」，持續地引導著我，讓我只管順著自己的直覺，一步一步往前走進這趟旅程……

現在回顧，心裡頓時感到安慰，也感受到當初自己並不知道的「一種慈愛」，它時時在引導著我，讓我慢慢學習……這麼一想，心裡感覺好充實！

最初由於沒做過生意，也從來不懂，我比任何人都認真地探索，不放過每一個機會，也很幸運，沒有被困難嚇阻，現在回想，還真不知道當初的自己怎麼能這麼勇敢，敢於從「零」起家做生意，甚至，還能有一些做生意人所說的：「膽識」。

很快的，我摸索出最好的進貨方針，很簡單：只要挑我會喜歡穿在自己身上的款式、色彩，就會賣得好，顧客就會搶著買（逐漸地，她們也都從熟客，結交成為朋友）。就這樣，即便賣的是同一款衣服，我的解憂服飾店總是比同一商圈其他的「老委託行」賣得快！

我的小店裡的服飾，不論是自己採購的、或是寄賣的，是舶來品、精品、奢侈品、名牌品，每天快速流通，賣得好快！同行探聽了，都忍不住嫉妒，有些說：高小姐「採買眼光比較好」，酸一點的，就說：她「很會賣（做生意）！」但似乎沒有人能說得出：「她就是有品味，格調高雅」這樣的話，只除了一人，某位大客戶，她是跳槽，從別的委託行跑過來，主動成為我的顧客的。後來她就變成我的好客、最大的客戶，我的「貴人」、我的「老闆」。

奇妙的是，一旦走進我的小店，顧客就變成跟這間店、跟我黏住了似的，我穿什麼，她們也想穿什麼，我穿一個新樣子，她們也照樣要一套，但總不能大家都穿一個樣，時裝就變成制服了不是嗎？但只要是搶手款式，通常連同我自己身上的，也只有一件（也有可能會進另一、二套不同色彩的），即使自己身上這件扒下來讓，還是有其他三、五個人都想搶，怎麼辦？

即便她們想要照著我的樣子穿，有時候對某個顧客，我也不賣，因為我們身材不同，同一個樣式只會暴露她的缺點，也可能由於她的髮型或個性，並不適合那個風格的衣著，勉強穿上了恐怕不討好……你看，我既不是學服裝科，也不是學設計科來的，卻能抓起筆替顧客畫一幅又一幅的造型設計稿，多好玩。

最後，我就順理成章地，變成了顧客的私人時裝顧問、兼造型設計師，因為我知道誰適合穿什麼、不該穿什麼，衣櫥裡有些什麼、沒有些什麼，還包括，每個人該怎麼打扮，才能穿出自己的風格。一段時間下來，為她們做的穿搭建議，連髮型、化妝的改變，都讓她們變得更有光彩，在外容易獲得好人緣、好評語！顧客們從一開始喜歡我的品味，很快的她們成為認同我、信賴我，非常忠誠的好客人、熟朋友。

而此後我採購時，一大部分的工作，都是專為這些熟顧客們打理新一季的治裝計畫而作考量，非常私人化（personalized）。其實，我相信這應該就是Hi-Fashion的精神。

這樣聚焦在深度服務每一位顧客的工作模式，積累了幾十年下來的時裝採購歷練，該就是使自己能夠得心應手的、成為一個快樂的買手的祕訣。

於是，我漸漸地立下一個採購原則：注重獨特性、稀少性。畢竟，誰都不想穿上「昂貴的制服」。再說，名媛貴婦可不能絕美出場、最後撞衫，多尷尬！再一個不小心，假設在同一個場合上，跟老公死對手的太太穿了一樣的衣服，會鬧得大家都糗大的。

我的小店逐漸變成顧客挖寶的所在，常常我才下飛機、回到店，一群熟客們就擠著進來，搶奪到鋪的新衣裳！不認識的新客，也源源不斷加入，她們聽說了我的風評與我的店……這就是「口碑好」吧？當然，有些來客是同行派來的探子，來收集情報，探聽什麼流行貨好賣、什麼「對組」，我知道同行往往照我賣得好的商品而去採買。

這些故事跟女兒說起，她認為我值得自豪：讓那個時代的台灣女性，有最新鮮、最摩登的進口時裝做選擇，能夠「跟上世界潮流」，也讓她們的穿著品味逐漸脫離以往的日本風以及對名牌商標的依賴，相當程度地提升了她們的美感與品味，使她們多了許多自信。

是的，通過時裝，我們能夠「跟上世界潮流」，也能表現出一個「跟上世界潮流」的自己，真的是這樣的！

忘記自己以前是不是曾經意識到，我、這位開著小小舶來品店，進行著

奇幻冒險的時裝店老闆娘，無意間或許曾經改變了些什麼，對社會真的有過一點小小貢獻呢。

09 到米蘭買格調

當我的小店逐漸變成顧客挖寶的所在，為了讓滿懷興奮特地前來的那麼多客人，常常能夠滿載而歸，我每個月得出國採買兩趟，飛香港、飛東京。這樣的行程，對初步展開事業的我來說，非常得心應手，也非常重要。

每次出國採買，都是行程滿滿，除了要挑選新時裝、下單採購，我還要逛街、看店鋪設計、櫥窗陳列、空間動線等等，這些都可以讓我嗅聞到當前的流行趨勢。另外呢，還得要注意開拓新貨源的機會。

這些工作重點，其實從來不是上學學過、或有誰規定要這麼做，然而，可能就因為深感興趣，我對自己的要求會更多些，從不甘心只是做生意，只在買賣衣服之間看營利。

每次，我走進時尚的大千世界，就感受到有那麼多的精彩、那麼多創新的美好，紛紛對我開放，等著我去體驗、去發現，也總是希望，自己能夠盡量多帶些新發現回國。我承諾自己，每一次回國，都能比前一次帶回更大批的新東西，讓我的顧客驚豔，教她們人人愛不釋手。

香奈兒女士說，「時尚就在街道上、在空氣裡……」因此我相信，一個時裝採購家必須多旅行，我也喜歡去到遠方實地嗅聞，才能更好的培養時尚的敏感度。後來當我看到一篇報導，說紐約的名設計師唐娜．凱倫（Donna Karan）請了一名專門的買手，終年在世界各地旅行，為她蒐集一切能為她帶來設計靈感的東西，這點我深刻認同，設計師若是關在工作室裡，縱使再有才華，也難免有創意枯竭的時候吧！

對於採購呢，我更有興趣的事，是有遠見的新發現：就是在別人還沒看得出什麼之前，早就發現它有潛力，早就採買回來！

這段時間，我已經習慣單飛，堅持一個人，沒有同類、也不呼朋引伴。

真的是要低調、避開耳目。以前晴光商圈的商家喜歡揪團，一夥人出國採買——現在叫「團購」，已經out了。此時我終於開始了解，只要同業不一起採購、不一起合併下訂單，就不會一再出那種糗事：「她店裡有的，我也有，還可以賣妳更便宜喔！」同業愛搶客，為了成交，每家都會這麼說。

「不一樣的貨源，就是最好的區隔」，老吃悶虧的我，心中拿捏了這個方向！

為了開闢區隔更大、更精彩的貨源，也為了更接近最新流行趨勢的震央、源頭，我感覺是時候了，有必要前進歐洲，超越香港、東京，進入更核心的時尚重鎮！我的時尚敏銳度告訴我，下一步就是去米蘭、義大利採買。

以前採買，要買歐洲牌子時裝，就只能到香港，而香港所有的大盤商，都習慣將每一件歐洲來的東西標上很貴的賣價，而我看得上的，就只是特定的某一些。擁有這一些好貨的一名大盤商老闆，還特別的「跩」，聽說平常他就是有名的麻煩人物。但即便我接受這個大盤商的傲慢，在他一家要挑到足夠的好東西還很困難，畢竟，我與貨源的好東西之間，隔著的，就是大盤商的進貨眼光。

我一向特別喜歡義大利風時裝，而不是日本風，或許就因為義大利生產的高級時裝，布料總是有最優美的色澤，材質用的是最上等喀什米爾羊絨（cashmere）、最漂亮的綾羅綢緞，也當然因為義大利時裝，總是充滿文藝復興風格的古典與優雅，即便它呈現的是現代感、未來感的設計，仍然具有那種特別的義大利格調，所以，對於前進義大利，我不只充滿期待，還覺得早早就該來了。

如果女兒那時夠大，就會說：「媽媽，但是妳沒去過米蘭、沒去過義大利，也不會講義大利文……」這都是真的，但當然都可以克服。於是，我做了以下的安排：

第一步，接受在義大利學聲樂的姪女邀請，造訪她。

第二步，買機票、辦簽證。

第三步，準備錢（採購預算）。

我很快就準備好了前進義大利，也下了決心，準備再多花些錢，去買經驗、去探路。你看，那個推著娃娃車的少婦，竟然也抱著大創業家的胸懷。

第一次去米蘭，我以為只是探路，僅帶了大概一百萬（台幣）吧，結果進到第一間店採買，就全部花完了！

女兒老愛重複我這個笑話，太經典了，「媽媽根本當天就可以直接回台北。」

當她七、八歲時，小女兒、我的工作小夥伴，就跟我去過幾趟義大利採買之旅，這麼算來，她還是經驗老道呢。她說的一點沒錯，一個採購家，才開始買，就用光了預算，那麼就該下班，去做觀光客了！

那次，事先為我做好功課的姪女領著我，到米蘭的第一個採購點，甫進去一看，簡直驚為天人！我太興奮了，原來這就是我在香港看到的那類東西的升級版！還有，比那些更高級的，更有格調的（貨源）都在這邊！

更厲害的是，價格差很多，大約都少了一半。那位批發的米蘭賣家，還客客氣氣的、什麼都好說（話不通嘛，只看表情就夠了）！難怪我那麼興奮，那麼感動，於是一口氣，就地花掉所有的採購預算！

一口氣花光了預算後，其實我一點都不煩惱，看著自己買來的那些東西，直覺告訴我，就是賣相很好，品質高級，價格超合理，成本一定賣得回來，毫無問題，簡直就是大豐收。當下，我還記得自己那一番無比堅強的信心！

當時只有一個遺憾，可惜自己沒帶個六百萬來採購。

果然，返回家鄉後，這些好物，快速秒殺……

於是我領悟到，將來，能帶來大豐收的採購，就在米蘭！

接著，我急著計畫下次的米蘭採購，這回我決定要進階，請個專業義大利人協助我採買。姪女於是替我物色了一位義大利人，名叫Marco，作為我的時裝採購地陪，他能講些中文、又可以兼司機，此後，我的採購完美進

階，登上了另一番「境界」！

Marco領著我遍訪所有最好的採購點，米蘭之外，我們到芬諾港、佛羅倫斯，到分布著很多小工廠的塔司卡尼山上，連亞曼尼的代工廠我都去過。

此後，我的每一次採購，總是大有斬獲，並且驚喜連連。採購得好，就會賣得漂亮，所以小店的「大生意」就這樣做出來了。

每次來到義大利，我總是想著要買到以前沒買過的名牌。Marco也說，幾乎所有最高檔品牌的成衣代工廠都在義大利，這裡肯定就是我「眾裡尋它千百度」、高檔時裝的源頭了！

於是，我們再一次進階，進入了赫赫有名的大品牌的成衣工廠，買到樣衣，也在零碼庫存裡尋寶。看到特別喜歡的品牌，有什麼可買就幾乎全部買下來，雖然都是零碼，但每一回總是搜刮得很暢快。

在此稍微說明一下：替名牌代工生產的成衣廠，通常會有多餘的產品，數量不一，雖然這些都是尺碼不齊的零碼現貨，對買手來說，卻是最安全的，因為它就是成品，眼睛看到的是什麼、它就是什麼。

Marco熟門熟路，人很靈光，我想買什麼，他都能帶我進去。他厲害到連那個時代，最懂時裝的人的口袋名單裡第一名的義大利大牌Eriuno——它也是格調最高、品味最高貴的，不過遠不能拿愛馬仕相比，因為在那個時代，愛馬仕還沒有出時裝設計師作品——通通都可以讓我進到代工廠買到零碼貨。

Marco悄悄告訴我，說：「義大利人是這樣的，你只要有現金，他就什麼都賣給你，即使代工廠跟品牌簽了合約禁止也沒用，買家來了還是會偷偷賣。」原來如此！

我密集造訪義大利的這段期間，Marco也樂不可支地領了高薪：一向他要求的報酬，是我採購金額的百分之十，有時候光在一天裡，他就可以抽我幾百萬里拉；假設那天我採購了兩千萬里拉，他的收入就是台幣三萬五千元的意思。才沒幾年，Marco就告訴我，他開的那部車幾乎可以算是我買的，

所以他很感謝我。（按：當時一百萬里拉大約兌換台幣一萬七千五百元，里拉在二〇〇二年已由歐元取代）

先生公司管帳的會計問過我：那位義大利人可不可以少抽一點，我們每一年買那麼多，他都變成大富翁了……不過這事我倒從來沒向Marco提過，我想我採買得滿意，是因為有他，大家憑著實力拚經濟，都是很健康的事嘍！

在我減少到義大利採買現貨、轉戰國際時裝週之後，Marco的收入可能大幅縮減了，難怪每過一陣子他就會告訴我姪女一次，說：好幾家工廠的老闆、看倉庫的小妹，連同他，都非常想念我。他們提起我時，老是說：那個很優雅、很安靜的「神祕高小姐」（比較熟的窗口則叫我Lilian），什麼時候再來咱的工廠？

Marco的工作性質，使他認識不少做採買的人，他陪著我去工作時，總是感到奇怪，怎麼可能我的反應這麼快，就只看了幾眼，要與不要的立刻能做出決定，常常就在他們一長串連珠炮、沒完沒了地說著義大利話中間，我已經買好了。

Marco也告訴我，廠商都特別重視我的選擇，很希望聽取我的意見，幾年下來，每次我買好離開後，比較認真的團隊都會討論我的訂單，分析那位「很有風格的高小姐」、「不說話的高小姐」，這次選了什麼、大買了什麼、沒選什麼……後來在巴黎採購，聽說也是一樣。

每一家義大利廠商真的都對我另眼相看，給我許多採買的特權與方便，更讚的，是一有特別的東西，他們還會特別為我保留下來，通知Marco讓我來優先挑選。根據Marco的看法，似乎他們要是能賣給我、能做到我的生意，會讓他們感到光榮、感到優秀。

當時一些同業買手覺得納悶，就來問我箇中竅門，希望獲得我指導。我是這麼說的：「內行的採購，選貨的時候，是有條理的。有時即使我真的挑不出喜歡的品項，也會直說，或許這樣也讓廠商對我的選擇，加倍有信任感吧。」

那時沒說的是，面對歐洲人，義大利人、法國人都一樣，採購家（尤其是東方人）在工作之間需要有專業的形象，在穿著打扮上要有風格，舉止也要讓人能看得出好修養……那時也沒說的也是：最好避免到處嚷嚷，殺價、討價還價，或是亂挑亂買、亂了人家的擺設，還有避免看起來像個跑單幫的……等等。

去義大利採買那麼多年，其實自己所能說的義大利語沒幾句，我會講的，幾乎在一個噴嚏之間就全說完了，然而，似乎也不須我多說，他們也「看」得懂我的狀態，因此，外語不流利、安靜，從來不曾阻礙過我的專業工作、或交到好朋友，這是很奇妙的。

有時候心想，還好我不會義大利語，英語也沒自信，當個常常往歐洲飛的空中飛人後，我很高興的發現：安靜不說話，可能就是最好的策略，一方面我可以專注在工作上，一方面，我可以練習不靠說話，表現出修養與好禮貌——禮貌，當然是多虧了父母給的家教。

我想，安靜就是風格，不多言就是格調，安靜原來也可以是國際語言！或許這就是為什麼「高小姐」被義大利人另眼相看，成為他們眼中的「神祕高小姐」的原因，一笑。

或許將來有機會，他們會知道，就是義大利時裝才有的高格調，使得「神祕高小姐」總是忍不住懷抱大金，不停地飛到義大利採買！而事實也是，我特別喜歡義大利人的生活步調，嚮往義大利風格的美好人生。

但不會說給他們知道的是：不說話的高小姐，原來只是盤算著，用安靜來替自己藏拙，博君一笑！這，就當作是高小姐小小的、無害的，一些小心機吧。

10 解憂服飾店

「神祕高小姐」故事的由來，現在就從頭細細說給你聽吧……

很久很久以前的某一天，我，一名無聊少婦，推著坐著小女兒的娃娃車，像平常一樣上市場買菜。回家時，心裡一陣忐忑不安，想著要怎麼開口告訴先生，自己剛剛拿了這個月的買菜錢，訂下了市場邊的一間小小店面，月租四千元。還記得那時候在心中情境演練了一番，設想如果先生反對要我去退租，我該怎麼辦？是要掉眼淚？要吵架？還是要離家出走……

誰知道先生聽了不僅沒反對，甚至鼓勵我：「好呀，妳想做什麼都可以。」又補上：「只要妳自己能搞定都好！」

當然他知道我這個做媽媽的，肯定會以女兒為優先照顧好，這一點我們一向有默契，是不用再提的。

我先生是從事貿易的，一向很務實，但我想他當時之所以支持我，應該是體會到我的心境：一個愛逛街的女孩，嫁作人婦走進家庭，變成了生下兩個女兒的年輕主婦，她必定是悶瘋了，想找點事情來做，解解悶！

當時我的心境，實際上是憂愁的，覺得這一生已經決定，覺得世界離我好遠，覺得全世界的精彩都與我無關……好像自己就這樣，被那個繽紛的世界給拋棄了，只留下日復一日的柴米油鹽、加上女兒尿布的生活日常，想到這裡，常常心裡一陣恐慌……

先生竟然ＯＫ了！瞬間，這名無聊少婦有了一間小小店，而這個小小店，變成了她擺脫日常的一線希望！

即使我沒想過要賣什麼東西，也沒有過任何開店的經驗，但擁有一個自己的解憂小店，已經夠叫我開心了。或許你能了解，當時的我，心裡非常需要一個出口，想要投入些什麼意料之外的事，來解解憂，甚至可以說，來一

場冒險，無論是什麼我都好期待！

小店要賣些什麼呢？我先問自己：喜歡什麼店？書店、花店都是我小時候扮家家酒時，喜歡開的店，大大的、美美的、香香的，漂漂亮亮的……不過，我的小店在菜市場邊。

終於，我乾姊給了指點：到晴光市場找些舶來品雜貨，做寄賣。我感覺對了，上市場買菜的，一定有很多無聊太太跟我一樣，高檔稀有的進口貨，會吸引她們。於是就這麼做了，我在菜市場邊開起了一家小小舶來品店。

小店雖小，但不能沒有舶來品店的氣氛，於是我偷偷將手上跟的會結標，拿了二十萬作為開店基金，到西寧南路買了些二手家具，撙節拼湊著，簡單裝潢一下，將店面裝飾出喜歡的氣氛，擺好貨架櫃檯……直到差不多可以開張時，才想到能賣的，只有幾瓶晴光市場店家讓我寄賣的洗髮精，還有一些化妝品，陳列架上都是空蕩蕩的，擺不滿。我只好趕快買了許多鮮花到處都插一些，再將燈光打好，想辦法打點氣氛，為小店補補神采。

雅舍 boutique

就這樣，像個忙碌的小蜜蜂，張羅著、張羅著，我的小店很快張燈結綵開幕了。第一天來捧場的，大多是家人。

多虧當時追求妹妹的一名英國人，為了在妹妹家人前面好好表現，忍痛買下一瓶五百元的進口洗髮精，我的小店就這樣開了市。這位老兄後來也成功地成為了我的妹夫。

開家店，就是要做生意，做生意就是要有生意，現在店開張了，我得要仔細想一想，怎麼樣能把生意做起來、賣些什麼？起碼得賺到四千元來付店租。估計一下，現在寄賣那幾瓶洗髮精、化妝品還有幾件雜貨，是不成生意的。

另一方面，還有個障礙，那就是我自己！

小店的老闆娘就是店員，只是沒想到自己原來那麼害羞，剛開始客人上門時，竟然怕到會發抖，不曉得該怎麼辦，心裡很彆扭：覺得要賣東西給別人，是件很丟臉的事……

來探班的母親，見我看到客人就怯場、老想往角落裡躲，急得只好在旁邊想辦法幫著我壯膽。高媽媽以前開過麵店、做過生意，是真正「有頭家娘」氣勢的女性，我知道自己必須立刻克服這個心理障礙，得要跨出不知道怎麼辦到的第一步，開始當個像樣的店員或老闆娘……難以想像吧？我的解憂小店就是這樣開始的。

「賣些什麼？可以起碼賺到四千元來付店租？」這是我當時的大哉問。菜市場的太太們是上午買菜，所以我的小店根本在中午過後就可以關起來，那時我就是下班了。所以平日一到下午，我就抱起寶貝女兒，拿出少女時代逛街的好本事，這兒那兒東看看、西逛逛，打發時間，也順便想想到底該賣些什麼的點子。

一個冬天下午，逛著逛著，我又來到晴光市場，眼尖看到一個委託行裡，一大落喀什米爾套頭毛衣堆在角落，突然好動心、胸口有股熱情湧上：我知道了，我就該賣這個，賣喀什米爾毛衣、賣高單價服飾（只限舶來品）！

我本來就是個喀什米爾迷！以前常常逛街看衣服，對這料子很有概念！

那時心想：那店家堆在角落裡的毛衣，看來都是基本款，沒什麼設計，單價可能又高，肯定是不好賣吧？

再一想：只有不懂賣的店家，才會把喀什米爾羊毛這樣的好貨堆在角落，但，說真的，不管是什麼，將要賣的高級商品堆在角落裡，等於是將它當雜貨、當滯銷品亂著擺放，除非是要大降價，否則只會讓它更賣不出去，不是嗎？

我又不禁感嘆：就是「不懂賣」的商家，才能將好好的喀什米爾毛衣賣成滯銷品，那也真是本事！

一方面，我也感到奇怪，自己從來沒做過這類生意，卻突然升起許多思維與判斷，自信得像個「行家」，還有一些挺犀利的觀點。

當下，我就鼓起勇氣（即便心裡也沒太大把握），直接向店家說：「……

不然你這批滯銷毛衣，我來幫你賣好了！」老闆眼睛盯著我，上上下下打量了一番。我，一個抱著女兒的年輕少婦（那天剛好穿著自己最愛的駝色喀什米爾羊毛衫配長裙），看來可能無害、可能也挺高雅的……竟然，他就爽快答應了！我心想，委託行老闆都很精明，可能有什麼利害，他都盤算過了，再說，那些難賣的毛衣堆著，反正在他店裡也只是占空間……還好，我知道，他是不會後悔的！

於是我先挑了一批毛衣，帶回店裡試賣，那老闆原本大概不相信我能賣得掉，就只交代我：毛衣原定價是一萬塊，要賣什麼價，就任我自行決定。好！我說。

第二天早上，我的市場小店一開門，整批五件毛衣一下子就賣完。每件以我的售價：整整一萬二賣出，不二價。其實我自己也很驚奇，怎麼就這麼順利！

當天下午我立刻回晴光市場跟那家委託行結帳，再取回一批毛衣回去

賣，驚呆的老闆忍不住眉開眼笑，高興得不得了。以後他只要看到我來，就直說：「還想賣什麼？儘管拿！」

像我這樣，既能賣掉庫存，又守規矩、結帳又快的合作夥伴，當然立馬深獲商家重視，很快的，晴光商圈每個商家都開始很客氣地歡迎我，家家爭著要把「滯銷品」拿給我去賣。很快的，我也聽說了，晴光商圈的商家開始耳語流傳，說有一位在大龍市場那邊開店的，瘦瘦高高的神祕高小姐：「……眼光很好啦……很會幫你賣貨啦，還很有（與生俱來的）品味啦……」一時間，我似乎變得很有名氣。

但高小姐有什麼「神祕」呢？我猜，大概是因為誰也說不準，我是打哪裡冒出來的？而肯定誰也弄不懂，那看起來害羞的小女子，原來是如此犀利的「一號」人物？也可能因為她有奇怪的本事：「不用太說什麼話」就能一舉賣掉許多東西……，以後誰有「滯銷品」，都交給她就ＯＫ！

當時樂不可支的委託行老闆曾經悄悄問過我：「妳用了什麼妙招，把那些毛衣賣出去？」

我回他：「我只說，喀什米爾是最好的料子，就這樣。」

「真的就這樣？」老闆感覺有點不敢置信，就這麼簡單、沒什麼厲害的「話術」？

我只微微一笑，沒再多說什麼。

你不難想像，此後，「神祕高小姐」在晴光市場口碑有多好，而我向商家拿貨寄賣的情境，已經轉變成店家前來請託、請我幫忙銷售的情境，「高小姐，請你幫我們賣這個，可以嗎？」沒多久，我開始發現，自己的膽子也壯大了不少，作為一個解憂服飾店的老闆娘兼店員，我已經進步了。

11 只好脫下來賣的大衣

成為有自信的高老闆後，我的生活果然有了重心，尤其為了每天「上班」開店，我一定會仔細將自己打扮得很有風格，滿意了才會出門。同時也為天天陪著我一起上班的寶貝女兒打扮好，搭配著顏色，讓她看起來就像個洋娃娃，那時她才滿週歲不久。

不哭不鬧的女兒，就像我店裡的吉祥物，沒事時，我將她抱進懷裡，客人來了，我會就便將她擺上櫃檯，開始招呼客人，我們倆自在又自然的，就這麼每天來到小店「上班」。

從她還不懂事開始，女兒就是我工作時，最重要的夥伴與最大的精神支持。

一回，有一位不認識的女士從店外走過，從櫥窗裡看到我，於是又退了回來，在她走進店裡稍微逛了一會兒後，視線停在我身上的黑色大衣，看了好幾眼，她終於開口說：「我喜歡妳身上這件大衣，可以脫下來賣我嗎？」我嚇了一跳，只好告訴她：「可是我穿過耶！」那客人竟然說：「沒關係，我不介意啊，可不可以請你脫下來，讓我試試？」

結果呢，你猜？那客人真把我身上脫下的大衣立刻試穿了一下，接著她求我好心將它出讓。

我想了想，好吧、賣吧！再安慰自己：反正穿都穿過了。

倒是，售價怎麼訂？這……我還真不知道怎麼拿捏是好？

最後，大約以當時買的價錢減一些、差不多地就那樣賣了給她。

那件大衣，是我不久以前，大費周章終於到手的寶貝戰利品，是我想了很久、喜歡得不得了的款式。由於這大衣的價格又是整排吊桿上最貴的，而且是唯一的一件（只要是我喜歡上的，怎麼就是全店最貴的呢？好奇怪！）。當時我還只能先下訂金，再回家東湊西湊，咬著牙終於湊足錢，才給買下來的。你說，好不容易到手、穿上身的寶貝，一下子就要割愛、將它賣給別人……會不會不捨？真的，難怪心裡經過一番掙扎。

我記得當時自己告訴自己：就這麼想吧，衣服終究是身外之物，貴在於曾經擁有，不在乎天長地久！就向曾帶給自己美麗的它，瀟灑地道別吧！這樣，未來還有機會與下一件美衫相遇呢！如果你就像我一樣，是個喜歡買衣服，永遠在搜尋新的戰利品的人，肯定你會懂得這番心情。

我又想：一件衣服若能因為穿在自己身上，而更具吸引力，讓人對它愛不釋手，甚至連人家穿過的都不介意（幾乎是全新二手！），何不就將它看作是為自己加分、為自己的眼光增值呢！

好吧！穿也穿了，現在能夠輪到新的主人寶貝它，也算是一樁美事，值得慶祝呢！

這件「交易」也使我想到：一個「好生意」，應該就是這樣的意思吧？買

賣雙方都開心，皆大歡喜！

雖然那一次，我一派「雲淡風輕」讓出了我的寶貝戰利品，這個交易，好似對我起了一個化學作用。此後，再貴的衣服，只要看得上眼，我都捨得買，我的理論是：「它」因為最貴，所以必是此中之上上之選，再者，因為最貴，也總是獨一無二的，或是限量供應的，稀少性一旦有保障，就不必怕撞衫，物以稀為貴嘛，所以買下它，這錢會花得更加「物超所值」。

最後，在拿出一大筆錢付帳單的時候，我就是這麼繼續安慰自己的：買下這個，完全符合母親說的，要「貴貴買」才對！付錢時，有必要再強化信心、鼓勵自己時，我就再想：穿在身上萬一有人又要我脫下來出讓，還可能成就另一筆「好生意」呢！

這就是我當年，小店裡任何一件昂貴的衣裳，或是售價五、六萬元的毛衣、十幾萬元的外套等等，一眨眼就賣掉的輝煌戰績的由來。

還記得一件日本牌子的喀什米爾冬季厚毛衣，它是用大股紗，像麻花一樣的手工編織而成的，本來就要用掉很多極品羊絨，成本很高，因此絕對是真正的奢侈品，價格超貴。在採購的時候，我一樣這麼想著：貴，沒關係，反正我很喜歡，希望它不會被我賣掉，所以我就可以留著自己穿。結果，這一次採買的，回來第一件被賣掉的，就是它。它是那一次東京採買來的所有衣服裡最貴的一件，根本我連要「留給自己穿」……都來不及考慮！

老實說，它被買走的當時，我還是有那麼點糾結的，因為它可能是世界上、唯一的一件，不會再有了，那次真的令我很惆悵。

其實說奇怪也不奇怪，在我的店裡，第一個賣掉的永遠是最貴的那件！在我的經驗記事本裡，懂得「買最貴的」顧客，總是最識貨，錢花得最好、最懂「價值」的，但卻不是那種人家嘲笑說「炫富」的那種！

太奇妙了，我總是從「貴貴買」裡，成交到好生意！這個時候，我會再一次溫習母親留下來的金句：「貴貴買，卡贏俗俗賣」，感受其中深深的奧義：

「價格貴的才值得買，買貴的，才會買到好東西，而便宜沒好貨，降價俗俗賣的，不會是好東西。」母親的金句，作為我做生意的挑貨準則，那是金科玉律，受用無窮的。而母親這句話要告訴我們的，應該也包括：「買貴的，永遠比買便宜貨的人（消費者），懂得價值。」這些都是我得到的領悟。

感謝母親預知我的需要，一路走來，她的「貴貴買，贏過俗俗賣」所給予的啟發，支持著我，鼓勵我。

12 不要 copy 我的訂單

整個事情是這樣子的：話說，晴光商圈商家口中的「神祕高小姐」，本事很大，不僅能快快地賣掉別人賣不出去的滯銷貨（銷售功力經得起考驗），商家們還尤其佩服，高小姐的眼光「神準」，總是一眼就能挑出熱銷搶手貨，隨著再速速賣出。

他們聽說，她每進一批新貨，都賣完了、沒貨了，仍然還有人排隊等著要買，有人就說：「好像她就是有什麼特異功能似的……」

於是，商圈的商家派了代表，上門來邀，熱情地表示，大家當我是自己人、看重我呀，讓我跟著他們採購團一道去採買，說有他們帶路，才能介紹給我他們的口袋名單，讓我分享他們多年經營起來的貨源……一起去會讓我開開眼界等等。

（後來才知道，當然他們打的是如意算盤，覺得有我同行，順便可以利用一下「本事很大」的高小姐幫他們挑出搶手貨嘍！）

剛開始，我本想：對於沒經驗、又怕生的自己，他們來邀真是好意，立刻謝謝他們，準備跟著去了。就這樣，我們一團去了香港、去了日本，幾趟下來，雖然大家都說收穫滿滿，我卻開始感到挺不對勁的。

咦……好困惑，一路上同行的商家怎麼全部黏著我，老盯著、看著我的動作？難道他們不自行去挑貨採買？為什麼只要我訂什麼、買什麼，他們就跟著買、跟著訂？為什麼只要哪個顏色我訂多點量，他們每家都同樣加碼？

原來呀，他們早就這麼打算：採購約我一起來，就是為了讓我去挑，他們好跟著我買，結果？還不只是跟著買二、三樣我挑的搶手貨，實際上他們只差沒複製我下的每張訂單……

「呦，還不是因為高小姐妳眼光好……」

怎麼辦？他們都這麼說，是不是以為只要給了我讚美，就可以堂堂皇皇copy、照著我的訂單買？

直覺告訴我，賣時裝，這樣沒有差異化是不對的，同一個商圈，哪經得起你家、我家、大家都賣一樣的幾款衣服？那不是就變成賣制服了？我認為舶來品就是奢侈品，商品若不是獨一無二的，也得要少量多樣，各家提供不同的款式、不同的選擇，這才是作法。

還有價格呢！同款衣服，哪家高興賣什麼價格、哪家打算怎麼打折搶市，就怎麼打嗎？雖然我總是無法理解，打折搶市的商家為什麼要這麼笨，將生意做成惡性競爭，自己也得不到什麼好處呀？

跟著採購團一道出國挑貨採買，竟然給自己惹了一個大麻煩，怎麼辦呢？

我拿捏了一下，若要對著同行說出：不要copy我的訂單，可能既不會有效，也會傷了和氣，於是，只好搞些神祕。我意識到自己的採購活動，必須改成「偷襲式」：只先走走看看，用眼睛做記號，再在腦子裡畫畫加強記憶，後來再趁同行用餐、休息的時間，悄悄地去完成採買，或者，我要大繞一段路，看看甩不甩得開後頭跟著的一群……逼得自己變得偷偷摸摸的，好像捲進了一場「間諜戰」……真是夠了！

然後，不對的事情還會變得更糟糕：採購回國後第一天，新貨到鋪，搶手如常，在我的小店這是正常，只怪我沒戒心，打烊前拿起電話打給同行的某商家，單純只想分享好消息，我說：「嘿，今天在店上一天，東西都賣光了！」誰想得到，這話被看作是示威，立刻又得罪了好幾人。

「他們巴巴地跟著妳下單、買一樣的東西，回來後妳賣光，他們卻一件沒賣出，可能就惱羞成怒了？」女兒聽了，這麼判斷，事情可能就是這樣。

後來，我就沒跟他們走在一起了，畢竟對我來說，採購只適合「單飛」，自己的「好貨探索」行動，最好就是能多保密一點。其實這麼一來，世界也顯得更開闊了，我覺得這樣更好。

另一方面，我很滿意自己能夠成功地迴避了他們這個採購團，也滿意還好我一向沒有嫉妒、搞八卦、組小圈圈、排擠人的習性。

13 賣掉第二百五十件毛衣

「揪團」一起採買，對我們小商家來說，當然是有幾個好處的，如果碰上想買的好貨，若有標註「最少訂量」的要求，大家湊湊數量買，壓力小多了。還有，有量就有壓低價格的談判籌碼。

但是有這麼一次，我竟然一口氣吃下二百五十件喀什米爾毛衣的訂單，也吞下一頓扎實的教訓，故事是這樣的：

「單飛」後，某次我在香港採買，一批賣相很好、質感超優的喀什米爾毛衣出現，我記得有五個顏色，粉紅色、黃色、灰色、淡紫、米黃等等，每個顏色都很漂亮，正面還有印花，款式分長、短兩個版，令我大感驚豔。盤商見我「識貨」就說：「這好貨很搶手，但最小訂量是二百五十件，不過總共也只有就這批可以訂了，貨源斷了嘛，現在呀，誰先搶誰先贏。」

我一聽，覺得這是大好機會、不容錯過，於是立刻就拍板，決定強力進貨！這個動作也許太激動了一點，但那股氣勢，真的連我自己都驚訝，就像一個「豪邁的生意人」。

我一生是個喀什米爾迷，從作為消費者到作為生意人，那時對自己看得準，確信這批商品絕對可以熱銷的信心，是非常「堅定」的。雖說，確實有個點讓我遲疑，就是那麼大的數量，一口氣訂下二百五十件，對我是空前的天量。有史以來我從來沒有賣過數量這麼大量的貨，連它的五分之一，五十件，也不曾接近過……

作為生意人，務實要緊，買下二百五十件這個數，自己知道是「有些太超過的」，而毛衣雖美，我絕對不能再安慰自己：賣不完就自己穿。回到旅館，我足足思考一整晚，隔天，設法找到了一位同業，終於說好，我會讓她認一半，一百二十五件。

原以為這個問題大致解決，不料，誰知道是否那位同業反悔想縮手，或是什麼其他緣故，二百五十件毛衣還沒到港，她突然到處放話，指責我用先生公司做進口報關，暗裡拿到很多好處等等的，我這一聽，被誤會了當然很火，就誓言人要有底氣，決定立即跟小人劃清界線，再也不要往來！於是，毛衣就不分她一半了。這批二百五十件回到原點，我得全部吃下來。

之後，稍一回神，心裡不禁再一次替自己捏把冷汗，「神祕高小姐」本事再大，全部的銷售管道，僅僅只是一間市場小店哪！自己估計，若能賣掉五十件，應該就已經到頂，甚至有點狂了……我開始苦惱到不行，不斷想著到底要如何做，做些什麼，才能賣得掉那為數二百五十件的毛衣呢？

即便全然沒譜，為了要賣掉那二百五十件喀什米爾毛衣，藝高人膽大的「神祕高小姐」必須立馬化身為「超級推銷員」，開始創造奇蹟。對，只有奇蹟出現，才能順利將那些毛衣賣完，不過，在奇蹟出現之前，「努力賣」肯定就是唯一的出路了，我知道只能這麼辦。

那一大批毛衣很快的進來了，可是我的小店根本就沒倉庫，怎麼辦呢？於是，兩百多件毛衣就被我放進一輛小喜美車裡，包括後車廂，那輛車子成了我的移動倉庫。每天，我就從車子裡拿一些放到店上賣，賣完了再回車上拿。你看，多麼克難！也看得出來，我有多麼狼狽吧！

每天只有一件事，為賣毛衣而奮鬥！每天上午在店裡打拚，一到傍晚，我這個「超級推銷員」就又開著小喜美，更積極地去拜訪顧客，耐心而堅毅不拔的，一次又一次用最大的熱情，將這些美麗的羊絨毛衣秀給顧客看，一次又一次的，我跟客人講，不搶就對不起自己了……這是最後一批了……以後即使你肯花二倍的錢，再也不會買得到這麼好的東西了……

如果有「超級推銷員」手冊，最有用的「話術」裡，應該會有一條：用恰當的謊言，讓客人覺得「機不可失」的必要。順著這個原則，我說服顧客的「話術」，包括：「這已經是最後一件，這顏色沒有了……」天哪，真是夠了！

總之，為了賣掉二百五十件毛衣，每天我都彷彿在替自己贖罪，覺得自己好像闖了禍，好像……正在面對從業以來，最大的危機時刻。回想起那一段，真不知道是該佩服自己、還是要同情自己，只好尷尬地說：「真的很好笑！」

肯定你可以想像：清掉那「第二百五十件」毛衣的時候，我的心情有多好？後來稍微統計了一下，包括我、我的每一個熟客，每人大約都「認購」了五件毛衣，這就是一個「超級推銷員」的輝煌紀錄，只能再消遣自己說，這一回，我們的「熟客總動員」顯得挺成功的。

但是，絕對下不為例，這二百五十件的教訓，讓我發誓再也不會意氣用事了。除非，我有十家店！

有一位智者說過：「一件好的喀什米爾毛衣，值得一輩子擁有，甚至傳家。」這個名言使我感到相當安慰，這麼說，我的每一位「認購」了五件毛衣的好客，怎麼樣都不該有理由後悔，因為她已經將一輩子該擁有的寶貝、連同四件備份，都採買好了。

說也奇怪，後來好像再也沒碰到手感、品質比那批喀什米爾毛衣更好、更可以感動我的好物了！我好奇問過那個盤商，他說：「現在最頂的原材料，都給大名牌整個包去了，所以現在拿得到的喀什米爾毛衣，不只品質差了，價格也都貴起來，若是有些量，能給你們下單的，羊絨品質當然就次等了……對妳，這我得要老實說！」

對呀，以前像LV、Hermès只賣皮件，現在它們的設計師都出時裝，極品喀什米爾的大衣、毛衣、圍巾也賣得搶手得不得了，什麼好東西都先給他們訂走了，我們選品買家要拿到什麼沒掛著大名牌的極品好貨、尤其是喀什米爾，機會還真的有限，這就真的只問個人本事，考驗買手功力了。

如此說來，那一次我大手筆進了那批毛衣，還真是難得遇見、得來不易的呢！或許在訂貨時，我大膽訂下了讓自己都吃驚的大量，是我的「直覺」在說話——它比我早知道！是「直覺」在告訴我，說那些是我買得到的、最後的一大批極品喀什米爾珍寶！

14 相見恨晚的貴人出現

「妳就是人家說的那位高小姐？那天我直覺就是妳！」

有一天，也在晴光市場開店的表妹帶了一位沒見過的客人，出現在我的小店裡，一進門就聽她這麼說：「我在晴光市場委託行買了那麼多年，近來老是聽到我們這群喜歡買衣服的女人談起妳，說有一位特別會挑衣服、眼光好又有氣質的高小姐，在大龍峒這邊開了服飾店，我就一直想來你這兒看看……」

「前天你穿一條很好看的百褶裙，和一件大墊肩西裝外套去晴光逛街是吧？那樣打扮很有味道、很優雅，像是雜誌裡的模特兒。那天我剛好要去真裕行那兒看衣服，特別注意到、直覺那就是妳耶，後來，我就說我很想過來認識認識妳……」

原來那天到晴光市場逛街，有認真打扮過，還是有加分的，雖然只是要陪高媽媽買條皮帶。當時特地穿上那條最愛的百褶裙，是我作小姐時代，咬牙花了一個月的薪水（七千元）買來的。

看得出來，這位留著俐落短髮的新客人，對於穿著有她的一番講究，跟我一樣！一聽到她好生客氣地說出這麼多讚美的話，讓我顧不得自己的手足無措，幾乎就想上前擁抱她。表妹接著介紹，原來，她就是傳說中的那位「喊水會結凍」的大客戶，在晴光市場、每家店忙著追捧的，就是她！

稀客大駕光臨，除了又驚又喜，我尤其感恩她，給我帶來這麼起勁的鼓勵！

這一路走來，雖然我努力避免樹敵，晴光商圈的同業，大多已經將「神祕的高小姐」當作「可怕的競爭對手」。他們企圖守住商圈熟客，對我的防線早已高高的築起。更別說，他們會如何想方設法、或說些什麼，來封鎖這

位超高消費的一號大客戶，以免她被我搶走了。若不是因為她的決心，若沒有表妹的引導，我要認識她，只怕不知道要等到什麼時候呢！

我們兩人一見如故，聊個沒完，首先發現，我們是同年同月出生、同一星座，生日只差了幾天。接下來，她說，「我喜歡歐洲風格、義大利風格，日本味就算了」，我說，「我也一樣」，她說，「我老是挑到最貴的，但我也只買最貴的」，我說，「我也一樣」，她又說，「只要是我喜歡上的，就是全店最貴的，屢試不爽」，我說，「我也一樣」，她還說，「我專挑貴的買，是因為昂貴的東西比較有價值」，我說，「我再同意不過，因為『貴貴買』就是我媽的金句……」你看我們喜歡的、感到熱血的、在意的，都是一樣的。

連我們不喜歡的事也一樣：不喜歡小氣，不喜歡邋遢，不喜歡多廢話……

從那天起，她一直都是我最大的顧客，最支持我、也最欣賞我。我呢，則義不容辭成為她唯一信任的「御用造型師」，兼「御用買手」、兼「御用消費顧問」。

那天以後，她是每天都來我這邊玩，一待就是整個下午，傍晚才離開。本來她在晴光的消費，照她的說法：「後來全都給高小姐包下來了！」

後來還發現，我們竟然彼此可以作為伯樂。就這樣，我們結緣到現在，是三、四十年的好朋友，親姊妹差不多也就是這樣了。而事實上，我總是將她視為我「一輩子的貴人」，或者稱呼她「老闆」呢！除了買衣服、花錢，她的行事態度，常常使我得到啟發。

15 難為的不二價生意

對於我的「貴人」、也是我的「老闆」，令我最最佩服的，是她花錢、用錢的態度（高明話說是「消費觀」？）非常能掌握要點，既大器又豁達。

自從她成為我的顧客、第一筆交易開始，我就發現她的獨特風格：買單從來不講價，挑好了，我結算一筆金額給她，多少就是多少，她都收下，也不擔心算數不太妙的我有可能算錯，似乎從第一天開始，我已經擁有她的全部信任！她的態度也讓我覺得，從一開始開店，我就堅持的不二價路線，本來就是最好的，大家充分互信。

想起以前逛街，常常看到的場面是：某委託行的老闆，拿著一件衣服追出來，對剛走掉的客人喊：「欸，不然你再加個兩百，我就賠錢賣給你啦！」或是：「欸，不然你再加一千，我隨便賣、多給你一件啦！」

熟門熟路的人也告訴我，幾乎所有舶來品進口服裝的店家，總是將所謂的「不二價」標高兩、三倍，準備讓客人享受殺價的快感，他們普遍都很有手段，總是能夠讓客人在一番殺價、終於滿意了之後，仍然付出超過原定售價的價格，很厲害的。

還有呢，同一件衣服，不同人來買，喊不同價錢，你說，熟客、生客不同價可能有道理，但是，有時跟老闆娘買最貴，跟老闆買、跟兒子買、跟店員買，也會買到不同價格，所以同一件衣服的價格至少有三種（像「斯斯」）！甚至於，很可能連老闆都也不知道，正常賣該是什麼價錢？

打從一開始，我就打定主意，我的店裡，堅持不二價路線，但在四十年前那個時代，這個行業裡敢這麼做的，幾乎只有我，甚至在整個市場。直到現在，不二價做生意應該仍然是「過於前衛」的吧？

但是即使我沒做過生意，就這點我是無比堅信的，心裡總是聽到一個聲音：「生意人若是價格沒有信用，是很丟臉的。」真的，要是客人之間有了比較，你的信譽何在呢？

當然我偶爾碰見過，不熟的客人因為價錢談不下來，就走了。有時候我心裡不免糾結，其實少個五百塊也不是不能賣，但我總是咬緊牙根，守住這個不能破壞的原則，同時祈禱，希望我的不二價別淪陷了。

我說，人啊，買東西如果老是討價還價，你有政策，店家也有對策；當你第一次來買、殺價成功了，第二次來，店家就只好把定價抬高，準備讓你殺價、殺個高興，最後，你也不會知道，自己到底是占到了便宜，還是吃了虧。

但我對客人是這樣的：生意上一分一毛都是要算得清清楚楚，客人後來都會知道，不必為了五百塊，跟我爭得口沫橫飛，因為我改天請她吃飯，一個買單，即便是超過五千元，我都樂意。我是這樣的邏輯。

「為了贏得她們對『不二價』的信任，我們得有點瀟灑，有點狂，是不是？」女兒這麼說，好似領悟了我的態度。

後來慢慢的，只要是我的熟客，也就都清楚了，她們都知道，畢竟價格根本不是重點，「知我者莫若『小高』」，只要她們能夠信任我，知道我是了解她、為她著想的，這點才是真正重要的。所以我想做一種「不二價」、不討價還價的生意，真正的目的，就是希望熟客們都能夠信賴我，相信我總是為她們的好價值把關，這樣，不就是雙方很有「默契」的、實現了買賣的藝術了嗎?!

說到殺價，我的「老闆」還有另外一句妙言，也是我特別欣賞的。

有一天，她有感而發說：「我覺得，有錢卻捨不得花錢，才是浪費！」

說得好，有錢人不花錢，不是節儉，反而是浪費，真的是太浪費他的錢了！

更奇怪的是，富有的人，卻常常是最吝嗇、最愛殺價的！明明買得起，卻殺價殺得堅決無比，隨時惶恐自己被人占了便宜！

你可能想問，我們會常常碰到這樣的客人嗎？不開玩笑，如果你調查一下，就會知道，老台北的「old money（舊富）」很多；抱著銀行存款一毛不拔，對自己吝嗇、對他人小器的有錢人更多，而即使他的錢天天洪水一樣地沖進口袋裡，他們依然會認為「花錢」是罪惡的、「狠狠地殺價」是必要的，好慘！

不論自己怎麼害怕碰到拚殺價的客人，我一直還是秉持著這樣的看法：任何交易，只有彼此能夠信任「那個價格」是公道的，才是好交易，也才會是好生意。所以，只要是好生意，就是一份買賣雙方都有贏面的交易。

然而，再一想，自己以前也沒做過生意，怎麼會知道並且那麼堅持所謂的「正規的買賣」呢？或許，以前做生意的父親，在我不知不覺間，傳承給了他的女兒，關於怎麼做才是「正規買賣」的智慧？可能就是呢！

儘管你可以說，那也只是「老式的、過時的」生意法則，而我依然喜歡感覺到，在每個交易之下，是有雙方相互滿足的條件在先，是有默契、有人情含量的！

16 療癒的午茶解憂頌

我寒微的小店，一直有個人氣盛況，現在想起來仍挺懷念的。

以往，只要我出國，我的店是不開張的。老闆娘去採買了，我又是唯一的店員，誰來招呼顧客？所以每回只要我出國，那些熟客就會仔細問好哪天幾點我下飛機，她們好採取行動，說想念我是有點肉麻，說是掌握黃金時間，來搶新到港的好貨才是真正的重點。

後來她們更激進，才不等到隔天我進店裡，將採買的新衣服掛到店上讓她們仔細挑選，而是聰明地紛紛決定，就去我家裡等我就對了。

所以，每當我風塵僕僕從機場回到家，還來不及開行李箱，就見她們衝進我家門，人人搶著動手開箱！對，她們真的開我的箱子，沒在客氣的。

然後呢，我媽看大家這麼熱鬧，就會煮飯給她們吃。「她們總會餓吧……」高媽媽一邊說著，一邊已經動手做菜。我的好媽媽總是擔心我們餓著了，連我的顧客，也都是她招呼的對象。那個景象，就像好一家子姊妹在家裡玩，多麼溫馨。

真的一點都不奇怪，常常我採買來的新衣服，都還沒來得及掛到店上，就被搶走了。這下好了，等到第二天開店，能掛出來的沒剩幾件，讓來店裡等著大挑新貨的客人們大失所望。後來她們在打聽清楚後，每個都搶著要去我家裡擠，也難怪她們，因為若不搶著先挑，我的新貨，她就沒份了。

你看，那時候，我是這樣做生意的……

但是，家裡不像今天的會所，哪能變成我的店、或是這麼多人的試衣間？因為這件事，我做了個決定：新貨抵鋪，就只在店裡開箱，我訂個時間給大家，想搶的，就在那個時間來店裡，自己開箱挖寶。於是，我覺得有必要將隔壁沒租出去的鋪位都租下來，房東一聽樂壞了，小店的空間也開始有了一些規模。

那段時間，我大約每個月會出去採購兩次，此後，為了這樣的「新品開箱（發表）會」，我會特別準備精緻的西餐午茶小點，每次都不同，店裡會插好花，呈現出我在國外看來的、最新潮的布置，讓顧客們一來馬上感受到流行時尚的新樣貌。我處處打點，讓小店變身成賞心悅目的派對地點。回想那個景象，真有如一個時裝大派對呢——大龍菜市場版就是了！

自從開了我的解憂服飾店，總有個景象浮上心頭，隱隱約約的、午茶閒聊的畫面出現，其實那就是我的初心：開店之初，總是想像，應該有一些跟我一樣無聊的太太，早上會利用買菜多餘的時間，來我的小店這邊逛逛，她們倒不是一定要來買東西。

我對自己說，注重氣氛是最重要的！所以自從開店第二年開始，只要小有盈餘，我便投資在店裡：買新的家具，改造試裝間，改造櫥窗、天花板、地板，粉刷牆面等等，我應該是有點室內設計、或「擺設」的才能，雖然是開店新手，對於店裡的裝飾風格，我挺有自信，希望小店能擺設得舒適而溫馨，讓走進來的每個人，都能帶回一份新鮮、美好的感受，記著一份特別的體驗。我知道，自己想要看到這家店的風格，能夠慢慢地進階、升級。

在我店裡，除了衣架陳列櫃之外，還有幾件更重要的家具，算是我的堅持。

「一定要有漂亮椅子讓客人坐！」

我是逛街專家，在我婚前愛逛街的那個時代，一般的服飾店、或舶來品店，不會給客人準備椅子歇腳，如果硬是要找個椅子，通常，它就是塞在亂糟糟的貨品儲藏區的那一件很不體面的東西，可能只是給老闆娘坐下來休息一下的凳子。

這是我的看法：當客人走進一家備有精緻的（或漂亮的）椅子的店，會感受到店家歡迎客人坐下慢慢聊，即使客人還沒達成任何消費都是受歡迎的。

Culture is not a luxury,
but a necessity.

而客人坐下來後，人放鬆了，老闆再來幾句無關生意的問候，會更容易的讓客人產生好感。她也會覺得這個老闆比較有有人情味有修養，她不是只問候你掏出來的錢。

我一直相信，讓客人對你有好感、建立信任關係，比做生意更重要。

以前我去逛街，不是遇到板著面孔的老闆，就是緊迫盯人的店員，手摸一件衣服，對方馬上就放出一大串你只想當作噪音、立刻刪除的話。

跟客人互動不是這樣的。我比較重視用我的整個服務的品質，還有，店的氛圍去吸引她，而即使第一次進來的客人、不斷地試穿，甚至最後什麼都沒買，我也不會露出一絲不耐的表情，重點是要讓她印象深刻。

除了幾張漂亮椅子，後來我又買了搭配的茶几，因為我會為客人準備咖啡、茶、水等飲品，外加點心，當然我沒忘了，漂亮的骨瓷杯盤、水晶水杯，再插點鮮花，花一定要新鮮的，我堅持！那個時候，英國式下午茶的概念還沒流行，然而在我的解憂小店裡，我的顧客們就已經享受起她們的下午茶了。

據我的貴人說，香奈兒專賣店裡，就有這樣的VIP等級的禮賓招待。現在好像稱作「感動式服務」。而我的小店呢，四十年前已經給我的顧客類似的服務了，而且招待的對象，是每個客人，第一次上門的顧客也一樣，不必一定消費到什麼了不起的金額，才能有那個資格。

本來我以為，解憂小店適合太太們上午上市場買菜的時間，順便進來坐坐。沒想到下午其實是更好的解憂時光：客人一來，喝個茶，嘗著我奉上的點心，坐著坐著、閒閒聊天，就都不捨得走了。

小店的午茶時光，在熟客圈裡，變成一項很重要的「生活節目」，她們可就不是買菜順路來的，而是專程前來。既然如此，我就建議客人，她們可以藉機打扮打扮，穿上高跟鞋、帶上喜歡的皮包，來一場女士們專屬的午茶時光，相信就在我們的閒聊之間，這午後的悠閒時光，即便沒特別做什麼，也會是很開心的。

人多的時候，大家一起聊天說話，人少的時候，我聽她們說話，總之，聊天說話對女人們來說，應該是挺療癒的。聽說，女人光是靠著聊天說話，就可以倒掉不少心裡的垃圾。

午茶時光裡，她們一邊試試衣服，一邊說說女人的苦處、聊聊自己的心事與心思，講講不敢跟先生說、不能給婆婆聽到的話⋯⋯。通常女人一旦嫁到了夫家，很容易就被孤立，大多還是暗地裡與先生失和，或不得婆婆、公公的緣。她們平常想說些什麼心裡話，有時候竟然連娘家姊妹都不好提。有一兩位的處境在家裡尤其孤獨，身邊也沒什麼朋友的，我想，通過小店的午茶時光，這份分享，一定會給她們帶來安慰。

我就說，人生也夠苦了，能夠的話，女人們都應當學會對自己好一點！

有些時候，我也會說，說夠了嗎？我們這二十分鐘安靜下來，不要嘰嘰喳喳了！咱們練習安安靜靜地、不說話，多好！

有些熟客參加了我一個月兩次的「新品開箱會」，覺得還是意猶未盡，沒有開箱會的下午，她們也老愛專程前來午茶，在我的小店裡消磨一個下午，堅決不放棄任何挖寶的機會。直到黃昏時，不需要回家燒菜的，甚至留下來大家一起吃小點、用晚餐，陪我打烊。這種交情，大概可以說，就是好朋友、真閨蜜了吧？

真的！那段時間根本不像在做生意！

吃也是絕佳解憂良藥。我們每天就像辦桌一樣，時間一到，就叫個切仔麵或米粉湯，切一些小菜，光是這樣大家就很快樂。那時，店裡有我特地從歐洲運回的一張桌子，平時它是一張長桌，開飯時間一到，我將兩邊桌翼打開，就變成了大一點的圓餐桌，大家都有位子，或是輪流著坐。

不僅如此，有幾天的傍晚，我還安排喝香檳，大家試試做個自主的女人，享受此刻沒有先生、小孩參加的浪漫時光，或者做些在家裡平常不可能做的事情。

一直到現在，還是覺得那段時間非常快樂。

後來，有次跟客人閒聊，才知道，下午茶會的我們，似乎成了一個「幫」，一個品牌呢！

舉例說，有的人知道「別人在聽」，就會大聲地說：「有！我們有去『雅舍』那裡，喝下午茶呀……」好像來參加，才是有品味的。

還有的人，她衣服明明不是跟我買，也從來不是我的客人，卻會趾高氣揚的告訴別人說：「喔，我這是跟那個『阿舍』買的！」好像來我的店買東西，都可以拿來炫耀，也可能就是一種榮譽？很有趣！

我的解憂小店招牌上的名稱叫作「雅舍」。多年後，我將Club Designer Maison，旗艦之家設計成會所式的概念，也是想要將它作為一個客人聚會的據點，一個值得前來挖寶的所在，其實，它就是雅舍解憂小店的一個「現代放大版」。

17 舞廳樓下的第一家分店

創業後的第四年，我起了開分店的念頭，這幾年來的磨練，自己似乎已經升級成為了一個熟練的生意人。而那「神祕高小姐」的名號，也隨著晴光商圈同業不高興我吸收走大部分好客，敵意升高，漸漸的，對我的稱呼變成「那個高小姐」、「雅舍老闆娘」或「阿舍」。熟客、好友們則暱稱我「小高」。

四年來，我那起家小店的客源很穩固，生意做得頭頭是道，每個月的現金流充裕，但我似乎已經預見了老台北區這邊的沒落，覺得應該要未雨綢繆。

市場邊的小店，客層是受限的，只有熟齡太太，沒有年輕人，而熟客人隨著年事漸長，對時裝的消費力漸減是一定的（珠寶則是相反），也見到大老闆級人物，有的搬走，有的全家移民，因此那幾年裡，既有客源漸漸地流失是事實，而在老社區裡，新客根本不存在，不可能開拓新客源。

於是我就這麼想：這生意若要再成長，尋找另一個商圈開分店，就是我應該走的下一步。

時間是八〇年代，台北東區還沒發展起來，最熱鬧的區塊就是西門町，所以我首先去那裡逛街，逛了好幾天、感覺看看，認真的尋找適合開分店的店鋪，目標就是開拓全新的客源。

很快的，我就決定租下西門町一棟大樓、一樓的鋪位。

之所以我會選擇這個鋪位，是有特別考量的，最主要的「利基」，就是客群。因為那棟華都集團所在的大樓樓上，有家大名鼎鼎的「華都舞廳」。且再聽我詳細道來：

我仔細探聽過，那個時代應該是台北舞廳的全盛時期，西門町除了華都，還有華僑舞廳、維納斯舞廳，南京東路還有「米高梅」等等大舞廳，而舞廳上班的舞小姐們，不會只固定在一家舞廳上班，她們通常會「跑場」。一定不難了解，當初我的想法是：舞小姐作為主要的客群，當然好。她們有好身材，又有消費力，將是我採購時裝最理想的模特兒，更好的是，一家店是固定的，而舞小姐是移動的，有可能全台北的舞小姐都會看到我的店，有這麼多的客源，是多麼好的機會。

還有，這商圈肯定是「越夜越美麗」的，商家活躍的時間偏晚，因此上午我的解憂小店照樣可以開，而舞小姐們傍晚五點上班，她們下午進場前，來店裡逛逛剛剛好。

那麼，我這個老闆娘兼店員就兩家店都能兼顧，每天早上八點，我到大龍市場開店，下午、傍晚前我轉戰到西門分店，一直到晚間，兩邊我都可以親自接待客人，很理想。

我很有自信，店裡的最新潮時裝，可以使舞小姐們更摩登，更有吸引力；小姐們只要有「時尚感」，身價自會提高，一般人以前追求時尚，會被視為虛榮，現在這可叫個人的「時尚資產」呢。這一盤算，我當然開心啦，好似我已經預見，舞廳樓下的第一家分店，將會有全新、而且穩定的客群。

而開一家店，只要好客如潮，成功必然在望。

當然，此後我開始認識了很多舞小姐，也是很妙，我那時碰到的舞小姐都很有氣質、很清秀，不是想像中那樣妖豔。

為舞小姐採買時裝，對我，也是出奇的「沒問題」。一向我只採買自己喜歡的東西，不喜歡就不會進，從來不會為了遷就客人，採買連自己都不想穿的。這個挑選的尺度，到現在都沒有改變。開新店之初，我在經過一番探測後，很開心地發現，自己喜歡的款式，舞小姐們也會喜歡。

更何況，我會為她們做搭配、設計造型，還有，更重要的，是差異化：在一個小小的圈子裡，每個人都要有「自己的特別」才對，是吧！這些服務客人的好本事，都是使得舞小姐們「黏住」我的店，不去其他委託行買的誘因。

舞小姐們來店裡挑好衣裳，當然不會大包小包帶著去上班，所以，常常在分店打烊以前，我就會將她們買的衣服送進舞廳去。我這個老闆娘一貫的生意法則就是親自送貨，我告訴自己，舞廳就在樓上，問題不大。

現在想起來還是覺得很好笑！

每次，我前去舞廳送衣服時，都要穿過擺滿花籃的夾道。那些花籃，都是捧舞小姐場的客人所送的，上面總會寫著「歡迎某某小姐進場」，他們說，收到越多花籃的小姐，越是紅牌。

我送東西進去，當然是要通報的，也好讓那幾位舞小姐知道我來了，這時，門房就會安插廣播：「歡迎恩客高秋鴻！」用這個當作暗號。聽到我的名字這麼被廣播，雖然讓我有點尷尬，但知道小姐們都喜歡熱鬧（廣播恩客來，就是有人氣嘛！），也就沒辦法，只心裡老嘀咕著：我一個女生進來這裡，別人會不會誤會我是來上班的？一邊暗地努力祈禱，可不要被我先生的朋友撞見，萬一……，是很難說得清的。

「歡迎恩客高秋鴻！」廣播出去後，提個大包小包送衣服的我，就要在旁邊等著、候「叫」，意思是，要等舞小姐方便接見時，我才能將東西交給她們。

做舞小姐的生意，讓我見到人生百態，那真是旁人根本無法想像的。有時我還要幫舞小姐「作弊」！聽說那叫作這行業的一種「潛規則」。例如，舞小姐帶恩客來我店裡挑衣服，挑個五、六件讓恩客買了單帶走，隔天她會再將其中的那兩、三件（或更多件）拿來還我，我再如數退現金給她。有時候，恩客一旦買了單，她根本連帶都不帶走，因為「要留下來給師傅修改長短」。明天她方便時，會再回來跟我「結帳」。

就這樣，恩客討到了舞小姐的歡心，舞小姐有漂亮的新衣服和現金到手，我呢，交易量增加，還有，同樣的衣服、包包可以在被「賣出」好幾次後，又回到店裡！可以說，交易三方都有得利，每個人的需要，都得到滿足。

藉著在西門町開分店的機會，我認識了「一票」新客人，以舞小姐為主，算算那還有幾十位呢，我覺得自己的人氣也不錯。一向，我說，好的客人不需要太多，有幾位、就將幾位照顧好，那就足夠了！

西門町的舞小姐自然也是我人生中的貴人，她們消費力驚人，對我的事業大有貢獻，最後大家也都變成親近的朋友。她們還喜歡來我大龍峒的本店、我的解憂服飾店消磨時間。大家都覺得那邊更自在，我們會一起吃飯、打牌，當然後來她們也成為了我的午茶解憂時光的主角。有時候，有些還會帶男朋友（就是那些老闆們）一起來店裡，大家感情越來越緊密。

其中，還有不少跟我成為有數十年情誼的朋友，我對她們的人生故事，各種際遇、大小轉折，因此都有一些了解……

有一位對我店裡「貢獻」滿多的舞小姐，前後不只有十年都是我的大客戶之一，她的品味、風格都很好，但後來因為她起心動念、想要退出舞國，回歸過平常女人的生活，就決定嫁給了一名公務員。

她成為了勤儉持家的家庭主婦之後，自然沒有那些出手闊綽的大老闆幫她買單，也就不能再如以往花錢消費。到最後，不知是因為自卑或是什麼原因，她就再也沒出現在我的店裡，也或許因為以前她有剩下一點沒付清的尾款，沒辦法還掉，就只好消失了。哎，人生呀……！

直到現在想起來，我還是挺欣賞這位小姐的。

18 培養開店的本事

隨著台北東區的現代化、時髦的新大樓紛紛落成，伴隨東區新商圈的蓬勃發展，我又將分店開到了東區，這是我的第三家店，這家店，不用付租金、沒有房東，只因為我已將鋪位用貸款買了下來。我的事業又再一次進階了。

東區的興起，逼得西門町開始顯得沒落了，同時，考慮到我一個人要打理三家店，工作量無法負荷，於是決定將西門店結束營業，那時西門店開張才整整兩年。反正西門店的客人，舞小姐們，全都是跟著我的，她們也會喜歡到更時髦的東區來逛街逛店，所以西門店的結束營業，並沒使我損失客源。

在東區扎根，成為了我市場發展的新路線。

身為一個做生意的老闆娘，開店經驗豐富了，膽子跟著也大了，隨後，我又挑戰不同的高消費商圈，連天母也去了，開了天母分店。

開店，雖然我對裝潢店面的預算，從來不省，但每次做開店的決定，連我先生都放心，他認為我算是很務實的。對，一切都以開支為優先考量，力求穩妥。

家人也都成為了工作夥伴，天母分店有我嫁給英國夫婿的妹妹打理，本來在建設公司上班的弟媳，也為我辭去工作，加入我們。跟在我身邊很久、情同手足的「小燕」，就讓她負責敦南店。小燕本來也是我的客人，她一開始跟我買衣服，後來婚姻上遇到一些狀況，離婚了，我就跟她說，妳現在沒事，反正妳也愛買、愛漂亮，乾脆來幫我忙。結果，客人成了夥伴，她這一幫就幫了三十年。

客人都很喜歡我們姊妹，我們對客人的「好」，真的是有口碑的。

回想起我當初訂立的一個目標：我不想做零售業，而是要做「服務業」。最重要的，是要用心服務客人，讓客人買東西買得開心。客人是我們收入的來源，無論如何，都要以客人為中心、以客為尊，我們的買賣關係，就要建立在誠摯的人情之上。

千禧年，二〇〇〇年前後，我已經在仁愛圓環附近開了敦南店，隨後又在大安路讓總店落腳，開出那個時期相當前衛的全新旗艦店，我的運營規模，正在逐漸地擴大中。

而從嬰兒時期就陪著我上班看店的小女兒，也即將從英國聖馬丁學院學成返家，她為我設計出很搶眼的Club Designer的新商標與新識別系統（CIS），作為我的事業的新里程碑的開始。

這一段旅程，可以說是意外，也可以說是「水到渠成」，兩者都對、都很奇妙，讓我時時感到幸運，心中充滿感激。

CLUB DESIGNER
ORIGINAL SINCE 1981

19 小時候

如果說，一個人穿衣服的好品味，會受到什麼人的影響？在我，肯定是因為我父親。我們也可以說，品味，是儲存在我們的DNA裡的「什麼」的作用，那自然就是繼承來的，繼承，當然就可以算是祖先送給自己的禮物嘍。

小時候，印象裡就記得父親對於穿衣服、用好東西，很講究、很要求。

我是長女，家裡第一個孩子，父親尤其疼愛我，記得我五、六歲，上小學的時候，他每天都要叮嚀媽媽，讓我穿得漂漂亮亮的，還要她記著替我綁好頭髮，都整整齊齊了，才能出門上學。可是這樣的打扮，常常讓我不開心，覺得自己好像個怪物，跟別人不一樣。

學校裡同學很多是農村小孩，有的打赤腳就來上學，家境好一點的會穿塑膠鞋，但我，就「得」穿皮鞋。我很介意自己和同學們格格不入，但父親就一直有他的高標準，上學從不允許我隨意穿、頭髮不紮好。

我始終記得，父親把衣著當成一種禮貌，他就是覺得，出門就要「有個樣子」！這應該就是所謂的「好修養」吧！印象裡，父親很有文人雅士的氣質，也有很好的美感。他寫得一手好字，畫圖也畫得很好，可惜我都沒學到，因為我從小不是很愛學習或讀書。

父親是福建人，生於大陸那邊生活條件不錯的人家。早期他從賣糖開始，也做文物、古董的生意，在海峽兩岸都有些買賣。有一次，他過來台灣做生意，不料此後就再也回不了大陸（國民政府已經遷到台灣），只能在台灣留下來。後來他遇見我媽，建立了家庭，此後他就算在台灣落地生根了。

有時候，我會想到，或許就是父親，給了我做生意的腦袋，讓我有著「好生意人」的直覺，也讓我總是抱持著一種情懷，要做生意嘛，就要做高尚的、有情操的生意人。但願他會滿意我的觀點與做法。

我記得看過我奶奶照片，奶奶對穿著也算是很講究，她穿的肚兜裡還掛著銀鍊子。父親說，以前還沒有熨斗的時候，奶奶就會幫他把衣服壓在枕頭下，衣服平整了，才准穿上身。

在台灣又做了一陣子生意後，父親因為籍貫身分敏感，白色恐怖時期遭囹圄之災，本來我們生活還算闊綽，家道也隨之中落。後來，在我還沒有結婚之前，父親竟然就過世了。

相對於父親的高標準，母親就比較隨興些。但夫唱婦隨，印象裡，她只要出門，一定會穿上父親買的絲襪。當時我年紀雖小，卻也看得出穿了絲襪的女性，是很優雅的。

可是，那時候少買一雙絲襪，可以多買一大包米耶！

後來我們家境轉差，有時候窮得接近斷炊，那時候，我記得自己心裡老有些糾結，疑惑於該買絲襪、還是該買米？還有，錢要怎麼賺？錢該怎麼花？錢的價值怎麼看待？這些問題，或許就是促使小時候的我，變成了今天的我，是刺激我成長的必要養分。

父親入獄後，母親獨力扛起家計，她要為了養活五個小孩日日打拚，於是她開麵店、做小吃、做小生意，就那樣度過了難關，真是難為了她、也辛苦她了。然而，值得我佩服的是，她能夠說得出「貴貴啊買，卡贏俗俗ㄟ賣（台語發音）」這句很經典、很大器的金句。

其實小時候根本聽不懂這句話，只當作是繞口令。後來隨著自己開店做生意，隨著年歲、歷練，慢慢的，我比較能夠體會出其中更深的奧義：

母親的金句，表面上的意思，是教我們當個能夠判斷好價值的消費者，「價格貴的才值得買，買貴的，才會買到好東西，而便宜沒好貨，降價俗俗賣的，不會是好東西。」

若再深究，我聽出來了，她要告訴我們的，更應該是：「寧可貴貴的買（那表示我有那樣的能力，去擁有『有價值』的好東西），好過只能賤賣身邊物（那表示我身處窮困無奈的境地）」。

原來，母親的金句，是用來勉勵我們，經營人生、面對生活的態度與願景，是期許我們：「要為自己打造有能力大金消費珍貴之物的人生，避免只能以俗俗之價、變賣身邊物的處境。」

原來，她用「買」與「賣」兩個簡單的字，來比喻人生的經濟處境，不只是教給我們買與賣、判斷價值的智慧，而是有更深的意涵！

母親藉著這句話，勉勵子孫，也留給我們世代傳家的生活智慧：「貴貴買，卡贏俗俗賣」！

一路走來，母親的「貴貴買，贏過俗俗賣」支持著我，鼓勵我、引導著我、陪伴著我，這道金句，真是母親給我的一份大禮物，受用無窮！

若再細想，人生，何嘗不是在「買」與「賣」之間所連動出來的事件的總和？至少，對我的過程與境遇，這麼看，是很貼切的。而我呢，才開始第一份工作，就等不及的奉上自己一整個月的薪水七千元，「買」下逛街時看上的一條裙子（毛料海軍藍A字裙），這件事跡，不能說不是受到母親的

「貴貴買」的啟發。

就「錢該怎麼花？錢的價值怎麼看待？錢要怎麼賺？」這幾個從小時候起，就糾結在我心裡的問號，我感覺母親與現在的我，必定有相似的看法，也持有足以相互欣賞的價值觀。

而我的兩個女兒，對於「錢該怎麼花？錢的價值怎麼看待？錢要怎麼賺？」會有什麼看法呢？

從她們小時候開始，我就跟她們提倡一種「花錢哲學」。不知道這算不算母親的「貴貴買，贏過俗俗賣」金句的進階版？

「我媽很不同……小時候她就跟我說：想學會賺錢，要先學會花錢！」女兒總是有些大驚小怪地說：「我媽是要我學花錢喔！但別人的媽媽只逼著他們要存錢！」

陳怡是我的小女兒，從她是個坐娃娃車的寶寶開始，就陪著我開店、看店，她一直是我的解憂小店裡的「吉祥物」。

我告訴她們這套「花錢哲學」，是來自一位香港富豪朋友。我都叫他林兄，他二十幾歲就做成了某個大建案，很年輕就成為了富豪。

林兄人很大方，每次來台灣都請我們吃飯。

「請問一下，怎麼您這麼年輕，就賺了那麼多錢，如何辦到的？」有一次，我直接向這位富豪請益。他立刻說道：「先學會花錢，你就懂得如何賺錢！」

這句話點醒了我，在往後的日子裡，連同母親的金句，都成為了我的金科玉律，還要求女兒也要當作「家訓」一樣，不但要記著，還要身體力行去實踐它。

20 看得出「價值」

「假如你沒有體驗過好東西，你就不會知道價值在哪裡，你看不出價值，自然就不會去想、要怎麼賺錢！」女兒對我給的「家訓」的領悟是這樣的，她認為：「看出價值」是這裡最大的「梗」。

我呢，「錢要怎麼賺？」這個問題，現在大約算是交出考卷（感謝上天！），我依然像小時候的自己，常常想著要給這個問題找出「最好的答案」，誰知道……或許就可以跟女兒分享。還有，「錢該怎麼花（比較聰明）？錢的價值怎麼看待呢？」甚至，現在奢華時尚行業裡流行的說法，說時尚的生意，是「體驗經濟」，為了「體驗」花大錢都值得，那麼，「體驗」的價值怎麼算？「體驗」要花多少錢買，才划算？

「錢該怎麼花才『對』呢？」我只知道，花錢真的大有學問，值得多多學習：

有些人亂花錢，像是土豪，勞力士錶一買好幾打，卻連一雙像樣的皮鞋也沒有。有些人大買名牌球鞋，六十雙供在櫃子裡、卻一雙都捨不得穿，腳上永遠是髒髒的一雙塑膠拖鞋。有些人就愛在家裡裝上金馬桶，越多個越好，大概就算是囤積金條的概念。

在我看來，這些人就是「愛灑錢」卻不懂得花錢，不只沒享受到，還對自己很苛薄。

還有人認為，錢不是用來花的，錢最適合凍在銀行帳戶裡（不然就在擺在床底下）！所以他的錢，不當錢用。這才是「浪費錢」也是對自己的「苛薄」。

「錢該怎麼花？」這個問題，是有「最好答案」的，就像我的「貴人老闆」，是最有消費智慧的人，她將「消費當作是投資」！前面說過，她的名言是：花錢是享受，更是一種「投資」，在我看來，這就是「懂得」花錢、是真正幸福的人。

那麼，「錢的價值該怎麼看待呢？」

我說，錢的價值，是看你能不能將它「花出價值」！對吧?!

我的客人，有的專挑貴的買，而將錢「花得真有價值」；也有的即便挑便宜的買，錢卻「花得沒有價值」！而能夠將錢「花得有價值」的，當然是比較聰明的，就說幾個例子你聽聽：

有一位客人經濟能力很好，但是她在面對一件六萬元的喀什米爾毛衣時，縱使內心再怎麼喜歡，卻考慮起是否應改買另外一件只要兩萬元的毛衣？她說反正衣服是要穿的、會穿壞的，後來她的決定，就是將兩萬元的毛衣帶回家。那時，我也不好太去說服她：本來不同的價格，就是不同的品質（就怕她認為我在促銷六萬元的那件）。

一個冬天還沒過完，她打電話來了，說那件新毛衣已經起了一大堆毛球，挺破壞美感的，都不好意思穿出門，她問我那樣還有救嗎？還問我六萬元那件可不可以賣給她？當然，她後悔了，當初應該買六萬元的那一件。

想當然耳，六萬元的那件Loro Piana早就賣掉了，它被隨後進來的另一位客人立馬搶走。這位客人真識貨，她在我這兒買東西，一向挑最貴的買，她也很崇拜這個品牌（Loro Piana是專賣喀什米爾毛衣最最極品的義大利名牌，很低調、很小量的，已被LVMH集團併購）。她還知道，在台北能夠用六萬元的價格買到Loro的高檔貨，表示我已經給了她很大的優惠（彼此心照不宣！），所以她二話不說地搶著買單，還拜託我，以後進極品貨，千萬要讓她一個人優先來挑。

你看，這就是了：挑貴的買，「錢花得有價值」，挑便宜的買，「錢花得沒有價值」！

第一位客人（就說她是A）選便宜的買，她做了比較經濟實用的「恰當的決定」；也難怪，她原來喜歡的，足足可以買三件她以為「實用的」；就因為她不夠了解極品喀什米爾毛衣的「價值」，那真的就是「一分錢一分貨」的——其實知道我的人最了解，只要是我挑選的東西，價格絕對對應著品質，就行情來說，兩萬元的毛衣，是中高價、「普通貴」的，但是這個價格通常不會拿到極品貨——再來也因為她不認識這個品牌，買奢侈品的經驗不夠多，很容易就被價格嚇到。結果呢，A買便宜的那件，反而「錢花得沒有價值」！

第二位客人（就說她是B）「總是挑最貴的買，通常是最識貨的」。她買奢侈品的經驗夠多了，很清楚極品喀什米爾的市場行情。喀什米爾這種奢侈品，極品等級的原材料產出量很小，平常被Hermès、Chanel、LV、Loro這些大名牌，整個包下來還不夠，它們剩下不要的那些，就是所謂的「中高級與普級品」，才會輪到中高、普通價位的品牌。所以她知道，只有最貴的，才有她要的極品，就是這麼簡單。

再說，因為她認識Loro這個品牌，不只對它有信心，還立刻知道，用我標的價格買到這個極品是賺到了，當然機不可失，立刻買單！

所以，你看，挑貴的買的B客人「錢花得有價值」！Bingo，這就是母親說的：「貴貴買」的實例，完美呈現！

我是這樣看的：要消費、要將錢「花得有價值」，是需要學習的，也是有學習歷程的，先要能夠看得出「價值」，一步一步的進階。客人A對「價值判斷」的能力不夠，所以靠理性決定買便宜的，卻沒買下她心裡最喜歡、但貴出很多的那件毛衣，從這份經驗學了，會幫著她下一次做更好的判斷。慢慢的，就會知道，不要怕貴，重點是將自己的錢「錢花得有價值」，是吧！

不管經驗好或壞，只要從這類經驗裡累積，就會進化我們判斷的能力，品味也會隨著進步了。

而在沒有學成、信心還不足的時候，就請先相信品牌，請積極找出自己喜歡的品牌，並相信「採購顧問」的建議，這樣花錢，是保障價值最安全的作法了。

甚至於像我，只問自己喜不喜歡，只要喜歡，花多少錢去買，都是值得的。

奢侈品就是這樣子的東西，你得要先問自己是不是很渴望它，不夠喜歡的，即便用便宜的價格去買，也都是浪費了，根本就該省下、一塊錢都不必浪費！大女兒陳欣就這麼說我：「……她挑的，再貴，都有價值耶，我媽有一個精準的價值導航系統。」照她這麼說，我是一點都不反對，哈哈。

說到這裡，順便一提，我的B客人，開心地買到她的Loro Piana之後，就對我特別……殷勤，還不時「路過」送來貼心小禮物、小點心。她還常常打電話來問候我，詢問「什麼時候出國、哪一天回來？」就怕我忘了通知她、沒趕上我們的「開箱會」。不過她真正想要的，我知道，那就是在開箱會之前，可以讓她提早在別人之前「開箱」。若用現在的行銷「行話」說：這叫作「黏住」了，意思是，她被這個好體驗「黏住」了！

其實，那回她買到物超所值的Loro之後，B客人就不只是我的一名普通好客了，她已經變成我的超級VIP、新來的「貴人」。在每一次出國採購行程裡，我會特別為每一位超級VIP採買，提供「深度的私人服務」，她不用再跟大家搶著參加「開箱會」，她會有自己獨特的一箱，裡面裝著專門為她挑選的樣式，完全合適的尺寸……。

你看，讓顧客買到好東西、買到好價值，享受「物超所值」的體驗，他必定會感動，會記憶深刻、會「黏住」你的！

而我也體會到，做生意，最好是不要太將它當生意做，而是專注在「創造」讓每位顧客感動的機會；當然你對她、對每一位要有充分的了解。這是我最喜歡的工作態度。當顧客通過你，能夠放心地享受「貴貴買」，並且是「物超所值」的體驗，那麼就一定會有「好生意」，有好生意的生意，就是很好的生意，是吧，不是繞口令呦！

或許就是父親傳承給女兒的靈感，我怎麼會知道：一份買賣雙方都有贏面的交易，就是「高尚的生意」呢？這麼一說，我開始感覺到自信，是的，一直以來，我們所做的，真的是挺「高尚的生意」呢！

而我該是多麼珍惜、多麼感謝，讓我能做出「高尚的生意」的貴人與客人！

part 3

穿越時尚的西遊記

《關於品味》彼得・梅爾：「有錢人的奢侈享受真的值得花這麼多錢嗎？他們付錢買的是什麼珍稀物品？還是血脈中嘶嘶作響的快感？或是要什麼有什麼的輕飄飄感受？」

21 遇見第一個愛馬仕（Hermès）

來到巴黎，每一次心裡總是興奮，悄悄地懷抱著期待；期待著什麼美妙的事情會發生，那是一份不知道期待的是什麼，但卻是美妙的那一種期待，或許你也了解……

有一次，我人在巴黎，一連串的採買工作剛剛結束，我偷閒到處走走逛逛。一直很喜歡巴黎的街道，在冬末早春的天氣裡，冰涼的些許空氣尤其清新宜人，我享受著這份毫無目地的悠閒。走著走著，來到了Hermès愛馬仕位於喬治五世大道的分店，突然間，眼睛一亮，看到櫃子裡躺著一只紅色蜥蜴皮凱莉包！

我盯著它看，就那樣，它躺在櫥窗裡，高貴而美麗，像一個落難的貴族，孤伶伶的好似不知所措、也不知何去何從。而這個櫥窗外面，除了站著的我一人，竟然沒有別人會為它停下來，好一個乏人問津！

……這個美麗的尤物，會不會就正在等著我走過來、靠近它，迷住我呢？當下我真的就這麼感覺……於是，我發揮了自己對遇見好東西的反應，迅雷不及掩耳的，決定讓它立刻下架，跟我回家。

這兒有必要備註一下，在二十多年前，愛馬仕的幾個明星包，包括這款凱莉包，尚且還沒有它們今天的風光搶手，所以還有可能見到現貨擺在店裡、櫥窗裡，待價而沽；換作是今天，根本是一包難求！若是有人想通了、要「貴貴買」的，不只現貨見都見不到，要去店裡預訂可都還是要看人、看本事的，而即便是預約成功了，你的訂單還得要排隊，那也是一排好幾年的等候期。

那晚我回到飯店裡，就對著那個美麗得出奇的手袋，足足端詳了一整晚，除了感到滿心歡喜，感到何其幸運之外，還覺得：能夠遇見這只包包，似乎就是一件「恩賜」——後來我想，稱它是「有意義的巧合」剛剛好；我決定要為自己收藏住這個寶貝，不論如何、不管怎麼說，都不會出讓。

這個凱莉包就是我遇見的第一個愛馬仕，因為它的牽引，此後，串連出許多次出其不意、使我大呼驚豔的巧遇，愛馬仕這個品牌，也從此讓我必須對它另眼相看！

那一晚，我也得到了一個重大的領悟。

在我突然回神過來，記起自己「不計重金」為那個凱莉包，竟然一舉刷掉近兩萬歐元的時候，我發現自己非常有必要、重設我的「滿意人生」目標。

曾經，或說不久以前，我給自己訂了一個人生目標：「我希望銀行裡有現金五百萬（台幣），有一棟房子可以住，再有一棟房子租人，這樣，我就心滿意足了。」現在一想，竟然買一個心動的包要價就要台幣八十萬，而竟然天下有這樣美麗的東西，我肯定會想要擁有第二個、第三個……等到我買到第六個時，那五百萬不就結束、拜拜了……

你看，我的「滿意人生」目標，就這麼被一個愛馬仕包給推翻了。

於是我告訴自己，有非常大的必要，重設我的目標。就這樣，後來我大概每五年都會重新訂定我的「滿意人生」目標，還特別告訴兩個女兒：一定要常常重設你的目標。

說起我的「滿意人生」目標，清楚記得是在西門町開店時，一位常常來到店裡串門子的傳奇地主，是她讓我開始設想我的人生願望與目標的。

這位太太在西門町擁有三十幾棟房子，聽說她光收租金就賺得飽飽的，雖然她根本就可以在家裡躺著收租，卻幾乎每天都會出來走動，「視察」她的房產，也因此就特別喜歡到我店裡聊天。這位太太見我每天孜孜不倦認真工作，就問我說：你的人生想達成的心願是什麼呢？

我一聽還沒反應過來，從來沒想過耶，直到那一刻，好像對著天使神仙許願一般的，我就講出來了：「我希望……現金五百萬……有一棟房子可以租人……」那一串願望。

猜猜這位傳奇地主聽了後怎麼說？

她一臉驚訝：「蛤？那妳的心願也『太小了』吧？」

很明顯的，要讓我心滿意足的願望，對多金的傳奇地主來說，根本就是「微」不足道！然而也無礙，自從心中升起這個意念，我便當真的更努力起來，將這個目標清清楚楚地記在我的腦子裡，自勉之。直到……遇見了那個凱莉包。這是後話了。

話說，遇見了我的第一個愛馬仕凱莉包，實現「貴貴買」的當時，我起的念頭，純粹是出於擁有之心，無關乎增值、無關乎投資，不像現在很多買家喜歡笑說，買柏金包、凱莉包是一種比黃金更能增值的「好投資」。

雖說如此，無意間那個凱莉包竟然也已經增值了許多，現在，即使出兩倍的價錢，都買不到它！當時純粹只因為那個凱莉包，讓我感到滿心歡喜，於是發揮了必買的精神；而這次實現的「貴貴買」得到的結果，比我原先預期的更好、好很多，那麼，這算不算是個「有意義的巧合」呢？

22 四千萬拍板的小小寶貝

現在的人買鑽石，一定挑八心八箭亮晶晶的，但說真的，我一點都不喜歡那種咄咄逼人的閃光感覺，真要我挑，我只喜歡老派的切割（old cut），總覺得那樣的「舊」風味鑽石，比較溫文儒雅一點，比較輕巧、比較溫柔……，但其實認識我的人都知道，我對珠寶沒那麼熱衷，再漂亮的、看過就好，不會有太大的懸念。

但我這麼定調之後，竟然出了一個例外，故事是這樣的：

有一年，我例行來到巴黎時裝週看秀下單。一天，在巴黎愛馬仕旗艦店的業務，邀請我去看一件「特別的珠寶」，這位業務與我算熟，他也知道我對珠寶的興趣普普，不過我還是去了，看看無妨嘛。

一進到貴賓室，才發現：原來，那「特別的珠寶」是一件鑲滿鑽石的貴金屬凱莉包，這是個天大的驚豔！

「哇！好美喔！」我完全來不及思考措辭，俗不可耐的讚嘆，就這樣脫口而出。

在此之前，我從沒想過黃金與鑽石的組合，可以達成這種讓人迷醉的視覺效果！

凱莉包那標誌性的單提把、翻蓋、繫帶、鎖扣，全部鑲滿鑽石；原來，這枚光芒萬丈的凱莉包上，鑲了一千一百六十顆鑽石，總計三十三・九四克拉！

它的包體看上去幾乎像是玫瑰金色的鱷魚皮，但實際上，一整個都是壓鑄成鱷魚皮紋路的玫瑰金。

我再拿起來仔細看著，這小小包的內裡竟然是細緻的網紗，所以鑽石底下附著的質地是柔軟的，愛馬仕這工藝真的沒話說！

這美麗驚人的小小尤物，驕傲卻孤單地被展示在這偌大的空間裡，好似等著「千萬中選一」的主人前來相認……我相信自己的眼睛都跟著「它」發光了！心裡也不禁嘀咕起來：

不知身分地位要多璀璨的人，才拎得起這樣矜貴的小玩意兒？

而她又能拿它來裝些什麼東西？

其實，說它是一只「包包」，恐怕還抬舉了，只有巴掌大小的它，連隻手機都裝不下……或許剛好裝得下女王必須隨身攜帶的頭痛藥？還是讓瑪麗蓮・夢露（Marilyn Monroe）剛好裝得下她的那一支唇膏？

「它的編號，是一號！是愛馬仕打造出來的第一件，目前是全球唯一！」

這位業務朋友繼續報告：按照它的設計師Pierre Hardy（掌理愛馬仕的珠寶設計）的計畫，這個神祕的新系列總共會有四款造型（連同這款凱莉包、柏金包和後來的錨鏈包），製作各三個，將來全世界總共只會有十二只這個系列的珠寶包問世；即這整個系列中文的簡稱是：愛馬仕鑽石包。

他還說，估計需要再花整整兩年的時間，才能陸續發行其他十一個包！

這簡直是一件能讓任何人失去理智的魔物……然而能夠如此意外地與它巧遇，也可能是上天送來的「有意義的巧合」？

那麼，價格呢？我只能輕輕問……

「四千萬（算成台幣）！」業務朋友於是也輕描淡寫地說。

ＯＫ，我聽到了，要價台幣四千萬的一個小小的小愛馬仕包！

然後呢，猜猜發生了什麼事？

我退到旁邊悄悄打了一通電話，講完、接著轉身跟店員說：「ＯＫ！」就訂下了這個包。這位業務朋友露出不可置信的表情，當下他還花了好一會兒時間，才回過神來，這麼乾脆順利得以成交，肯定嚇了他一大跳。

這一通電話，到底說了什麼？

其實，我只輕輕告訴我的「老闆」、也就是我那位貴人朋友，跟她說了五個字：「妳值得擁有。」接著就做出最乾脆的決定。

五分鐘之內就花掉四千萬，現在想起來，依然感覺很痛快！

交易拍板，接下來，還有精彩故事：

售出這件珠寶尤物，肯定不是那種方便打發的一般消費吧？比如說：「從架上取下好好包裝起來，裝進愛馬仕橘色紙盒，繫好鍛帶再裝進橘色紙袋，讓買家光榮地提著走出店門」？甚至，即使愛馬仕用保全車，將它祕密送去我的飯店，也會使我感到一些頭痛，是吧？

愛馬仕不愧就是愛馬仕，很懂得體貼客人。他們提議：將這四千萬的小小寶貝護送到我最方便的地方（城市），再正式

交給我。

又，為了表示最大的禮遇，愛馬仕將指派這家旗艦店的店經理，會同那位業務朋友，兩人專程搭機，為我將它護送到香港，再當面交給我……這整個過程的處理，可見其隆重、處處集慎重之能事，真是開眼界呢！果然，一切都是用心巧妙的安排，無縫接軌。

之後，我再次見到這個小小的「它」，就是在香港。而我的「老闆」，也特別飛到她的香港宅邸，親自來接見由我轉交的這件尤物。記得喝茶時，我們一起笑說，為了這件價值四千萬的珠寶包，愛馬仕若請來007龐德先生親自護送，應當也不超過。

而那位業務朋友，本來只是兼職，星期六到愛馬仕打工，做完這一單後，他不但轉任正職，還直接升官成為亞洲區的珠寶部經理，每年都會寄卡片給我。

好一個人人得利、皆大歡喜的局面！奇妙的也是這次的交易紀錄，似乎大大提高了「神祕高小姐」的神祕感！此後「神祕高小姐」就成為包含愛馬仕在內的許多名牌，優先邀請「期盼大駕蒞臨鑑賞」限量發售新品的理想對象。

所以說，不意間，買下了這件愛馬仕的小小寶貝，同時也為我帶來了其他有意思的「巧合」。

然而你或許也與我一樣，不禁想問：有「百萬歐元」購買紀錄的超級顧客，名單必然被當作最高機密，保密在愛馬仕的資料庫裡，別家怎麼會知道的？

可能嗎？或許就如大家傳說的，奢侈品的圈子很小，許多超級顧客的現身、有關他們的交易訊息，原來是具有相當的流通性?!

23 消費變成了好投資

說了前一篇故事之後，有一天，我終於起心動念，稍微深入地了解了一下，這個愛馬仕小小寶貝現在的市值，嘿，你可知道發現了什麼？

用美金算，它的現值已達兩百萬，竟然，它已經增值了百分之五十呢！「老闆」用四千萬入手的鑽石小包包，成為了一個犀利投資，不到十年就增值了二千萬，這可不是一大驚喜！

多奇妙，從一筆「天價消費」，變成是個增值力神奇的「好投資」，即便我知道，「老闆」不會想脫手……

試試看這麼想，我們可以將消費當作花掉、算作灑錢，卻也大可以將消費變成投資，在花錢裡甚至賺了錢，或是得到更大、更有價值的回饋，無意之間，甚至會得到意外的奇妙結果，這不就是「物超所值」的意思？

關於花大錢，請聽聽我那貴人「老闆」怎麼說：「我喜歡花錢，因為那是我一種『投資』的方法，花錢投資自己，不僅僅能讓我們增加人生閱歷，還能提升自己的品味，同時也訓練我收藏的眼光，對社會又能促進經濟流動，豈不是內外都有貢獻的投資嗎？」

「老闆」大器的消費觀是叫人讚賞的。她不只財富自由，有高消費力，還懂得享受花錢的樂趣，也在花錢上找到意義。

有時候我想：為什麼「老闆」與其他財富人士有這麼大的不同呢？

她是我所認識的富有顧客裡，最為奇妙的，也是我連作夢都沒敢想會碰到的特別人物，雖然她自己也做生意，聰明不下任何人，更不是不懂計算……。

我終於得到的答案是，她的「消費智慧」是最為高明的，她在消費裡看到的，是「得到了」、「值得」了什麼，而不是「失去」很多的「錢」！這是一個人取捨的智慧，不只如此，我相信一個人的消費觀就是人生觀，她的人生觀，無疑是既大器又豁達的。

擁有這麼多寶貝的她，是難得、超有福氣的女士，值得天下的貴婦們羨慕，更叫所有人不得不佩服！

樂於享受消費的「老闆」，其實是收藏高手，她的收藏欲望可大了，光是包包，各種不同款式、皮料，不同顏色的愛馬仕包，她收集了好多，家裡現在有個挺可觀的私人收藏館，就像個收藏藝術品的藏家，並且她從不脫手。

我還曾經請愛馬仕為了她訂做了一款鑲鑽的玫瑰金色鱷魚皮柏金包。愛馬仕當然說好啊，他們最喜歡顧客前來訂製特別、獨一無二的設計！這件作品出來後，的確是美得舉世無雙，要價台幣六、七百萬，但就是值得。

再一想，一舉揮金四千萬買下愛馬仕鑽石包的「老闆」，不也就是呼應了母親「貴貴買」的金句？更進一步地想，好像也只有「貴貴買」，才能買到「貴而物超所值」的寶貝呢！原來，這也是母親「貴貴買」的道理：貴貴買必有好價值！

謝謝母親，啟發了我「貴貴買」的道理，使我持有很好的眼光，能夠在昂貴的物件上，辨認是否具有「物超所值」的條件，也使我為「老闆」所做的每個決定、每個投下的大消費，都從有價值的「貴貴買」，變成了一件又一件的「好投資」。

「老闆」消費得開心，從每一筆「天價消費」裡，得到強力增值的一件又一件的「好投資」，而我，竟然感覺自己「得到」的更多！雖然，她的那些寶貝不是我的戰利品、無關乎我的收藏，我卻由衷覺得，自己收穫了好幾個珍貴大禮物。

第一件大禮物，是母親給的：

我知道，自己在人生中的每個機遇，都能夠仰賴母親「貴貴買，卡贏俗俗賣！」的哲理，作判斷、下決定，進行我的工作，直到任務完成、直到夢想實現。唯一我必須持續鍛鍊的，是眼光，只有好眼光，才能夠在昂貴的物件上、看出價值。

這份禮物，是母親早早給了在那兒的，終於，我「正式的收到了」！

我所「收到」的第二件大禮物，是「老闆」給的：

我感謝她，在聽到我說了那句「妳值得擁有」五個字的作用下，立即接受我的建議，不管是一舉揮金四千萬、七百萬，這份「完全的信任」，是很大的鼓勵，對我，就是一份無價的大禮物。

即便自己不直接擁有那件尤物，或是它增值的利益，但能夠分享得到那份真正快樂的感受，使我已經很滿足。

自從我們在我的解憂小店結緣開始，一直到今天，我與「老闆」無意間成就了不少消費傳奇。我們之間，尤其在消費與收藏的事情上，總是能夠得到彼此充分的信任。她百分百完全授權我的決定，就是給我的一份大禮物。

其實我經常角色扮演，想像自己就是「老闆」的那位聰明的「私人買手」——更高級點的術語是「消費顧問」——在老闆的信任下，輕鬆地為她挑選，幫她的選擇與機會把關，買到別人買不到的稀世珍寶，再讓她的每一次消費，都變成增值的好投資，這樣的關係，多麼美好！

感謝「老闆」這份大禮物，雖然她的信任早已給了在那兒，這一份，是「授權價值」不斷提升的信任大禮。

還有，我還收到了第三個禮物：

這點很奇妙，我這名「消費顧問」拜「老闆」的收藏胃口所賜，自從代她用四千萬買下了愛馬仕小包包，現在，就算另一個鑲了二千顆鑽、標價美金兩百萬的天價包出現在我眼前，都已不再讓我覺得稀奇、也不會有什麼衝動了；然而，怎麼回事……自己也已經很久沒再買愛馬仕包了？

說真的，其實我有的，也夠多了！

也許就因為這些年，身為採購家，做了生意，讓我所有的購物欲望一直是飽足的，心裡感覺豐盛了，就不會再欠缺什麼了。

這份滿足感，充分可以算是自己收到的第三件禮物。

是誰說的好：「如果購物是一種癮，不如把它當成一件事業來經營，那麼你就可以正當地消化掉無窮無盡的欲望……」這麼說，這份禮物，也是我在事業裡「賺到的」，所以這份豐盛的滿足感，就算是我的事業給自己送上的大禮物了。

這第三件禮物，若說成白話，肯定會讓我先生感到無比安慰。

若我稍作全盤的回想，從遇見這個包包，到立刻決定為老闆買下這個包、再到發現它已然成為高增值的「好投資」，一直到「貴貴買」道理的領悟，再到領受到三件大禮物給我的啟發，好像一一都是意料之外的，都是「巧合」，也都是「有意義的巧合」，逐一帶給了我有意義的訊息。這難道就是我的「奇幻旅程」裡隱含的體驗方程式所規劃的……？

24 朝聖夏維（Charvet）

隨著一年兩次的國際時裝週大行程，我的採購工作，帶著我一次又一次的，去到每一個通過時尚、串連起來的世界首府。而我打從心裡，一直是非常非常地享受每一個旅程，尤其是工作完成後，我會儘可能安排個幾天的「沒事日子」，享受著為自己贏來的每一場毫無目的、悠悠閒閒的都會漫遊。

持續這三十多年下來，每次回到這些地方，都有一種接近回家的感覺……我可以稱它是對異鄉的歸屬感嗎？

這幾個都會，巴黎、米蘭、倫敦、紐約都是我一直想去的地方，不只因為它們的藝術、文化、歷史與人文薈萃，也不只因為那是生活美學先進的國度，真正最大的誘因，是拜我最崇拜的作家彼得·梅爾之賜，受到他的著作所啟發，讓我遊興大發，編織起漫遊其中、體驗那一切豐盛的夢想。

不記得是多少年前開始，《關於品味》這本書使我大受感召，那是我第一次有機會與彼得．梅爾（的文字）相遇，也立刻喜歡上他的幽默文筆，尤其是他眼中描繪的那個帶著貴族色彩、過去時代的文明世界。

我一直嚮往著一個優雅、有禮貌、有文化，古味一點的世界，也對所有呈現過去時代的生活情境、懷舊情懷的電影特別喜歡。對於彼得．梅爾筆下那個生活考究、不經意的風雅仍然存有的時空，我是滿心期待。

所以不難想像，我是多麼願意，跟隨著彼得．梅爾的足跡，照著書上所說的一切，很認真的學習，一一體驗書裡關於品味的一切，做個雖然靦腆、卻很認真的好學生。

於是，就在另一回巴黎時裝週結束的隔天下午，朝聖夏維（Charvet），親身體驗《關於品味》第十五章〈華貴襯衫〉的時候到了！

Charvet是彼得．梅爾書上讚譽有加的巴黎傳奇，它是世上現存最古老的襯衫專賣店，一直是襯衫迷的我，對它期待已久，它早已被我列入巴黎「體驗菜單」中、一道必訪的標的（梅爾版）。

我知道雖然它最擅長的是「私人御製」男士高級襯衫的工藝，卻也認為即便身為女性，我必定也能找到讓我驚豔的樣式，來為自己訂製。而我心裡也早有準備，這回雖然是初訪，卻真正是來當顧客的，不是只來探探、看看逛逛的，對於Charvet，我絲毫不想只當個觀光客。

其實我對男士襯衫的興趣，大過專為女性設計的女上衣，或許就像香奈兒女士一樣，我們會堅持男士襯衫更合適自己，或許就在Charvet，「有意義的巧合」會再一次對我顯現？

我拉著女兒陪著一道去，雖然Charvet肯定不是她們年輕女孩的菜。我們倆悠悠閒閒地漫步前去，由於住的飯店就在附近，很快地就來到了凡登廣場（Place Vendome），Charvet就位在凡登廣場路二十八號。

或許值得來一點介紹：巴黎的凡登廣場是在路易十四國王（奢華時尚產

業的創始君主）諭令之下建造，近四百年後的它，雖然經歷過革命的摧殘，但有幸一直獲得歷代巴黎政府的保護，當今的它已經恢復榮耀，還被雅稱為「巴黎的珠寶箱」，所有歷史悠久的昂貴珠寶名牌都在這裡占有一塊門牌，卡地亞（Cartier）、寶格麗（BVLGARI）、梵克雅寶（Van Cleef & Arpels）、寶詩龍（Boucheron）、蕭邦（Chopard）……它們就像是一顆顆璀璨的寶石，鑲嵌在這皇冠般的廣場上。而傳奇的麗池（RITZ）酒店（是戴安娜王妃致命車禍前的最後住處，也是香奈兒女士生前長住的寓所）就座落在凡登廣場的一邊。

Charvet的家很有一派貴族氣勢，它是一棟門面氣派而低調的建築，就佇立在凡登廣場的一邊，比起周邊一家家尊貴的鄰居，Charvet的花崗岩外觀一點也不遜色。而外觀看似三層樓的這棟建築，內面則以挑高形成了五層夾層的空間。

Charvet這個品牌在一八三八年創始，只比愛馬仕小了一歲，這落腳於凡登廣場的本店在一八七七那年才開展，此後，Charvet成為了巴黎私人御製工坊中的一大亮點名牌。

走進Charvet，立刻感覺這個場域是「尊榮男性」專屬的，Gentlemen ONLY！女兒打趣說，這兒只差沒貼個「女性禁區、務必止步」的警告牌！我們這兩名入侵者，難免會叫人驚覺：兩人要不是走錯了、就是故意來鬧場的……

過了一會兒，才見一位穿著十分規矩、體面的男店員悄悄現身。他用銳利的視線，就那樣從頭到腳將我倆「掃描」一遍（那應該是時尚從業者的習慣動作），所幸我們大約看來既無害、又可能符合優雅水平，他開始禮貌地接待我們。

女兒開口，說是想為爸爸挑件襯衫（身為新客，又是女性，這麼說的確是最正確的開場白），這位西裝筆挺的店員，馬上以講究的措辭、帶著法語口音的英文應對：「您想挑什麼樣式呢？我這就帶妳們逛逛。」於是我倆隨著他搭乘室內的電梯上樓，上升時，一眼瞧見牆上的一張裱框證書，那是英國威爾斯親王頒授的「皇室御用授權書」，時間是一八六九年。

梅爾大師說，Charvet歷來的客戶，不限於世界各國皇室貴族，走得進來的，不是赫赫有名的傳奇人物、就是明星名流，比如：英國溫莎公爵（Duke of Windsor）、法國戴高樂總統（Charles de Gaulle）、美國甘迺迪總統（John F. Kennedy），乃至時尚大師聖羅蘭（Yves Saint Laurent）。

上到二樓，放眼望去，只見一疊疊的襯衫像五彩斑斕的糖果，擺放得好整齊，海島棉、埃及棉、皮馬棉、亞麻、府綢、法蘭絨布料，條紋的、方格的、渦卷的印花，珊瑚紅、蘋果綠……，好似天下所有的漂亮色彩、可能存在的好看花紋、可能找得到的上乘布料、可能被設計出來的款式，一應都齊齊全全的、為你擺在這裡。

我只能嘆息，任何襯衫的喜好者、包括我，哪能不在一陣眼花撩亂中，為之大感陶醉呢，難怪有人戲稱Charvet是男人的糖果店。

話說，來到了Charvet，幫我先生買襯衫是女兒找來的藉口，著手為先生買了兩件襯衫之後，我倒有點急了，嘿！我來，是為了自己來當顧客的，而真正的顧客，到現在還沒有達到消費，可見要趕點進度了……

雖然真正道地的Charvet襯衫是私人御製的（customized），然而今天，我只打算買到成衣，原因就兩個：一、買回家就是立刻可以完全檢閱的「戰利品」，二、買好立即可以穿上身。

於是我立馬小小發揮了一下我的採購才能，很快發現了一系列棉質條紋、類似印度傳統罩袍的長襯衫，很有效率的為自己挑出三個喜歡的花色，接著迅速決定就買下那三件，當下還沒太確定，是當作我的家居服，還是拿來作睡衣……反正兩者都好。

最後，沒忘記梅爾在書上叮嚀的：結帳時千萬不能大驚小怪，我有完全遵守。隨後也回答了關於包裝的詢問，說只要輕便包裝就好。由於我們仍然在旅行，連送給先生的襯衫都一樣，不需做隆重的贈禮包裝。接著，一切後續就交給了這位氣質典雅的店員。

在巴黎，名店的服務都是很周全的，他們會將我們所購之物在「最保全的狀態下」，專人送去下榻的飯店，重點是讓客人兩手淨空，保持一份悠閒，人一悠閒，就自在而優雅了。

順便做個提醒，來到巴黎，總要體驗像個巴黎人一樣，悠閒的散步。為了滋生這份悠閒的心情，最好避免讓左一個右一個的購物袋，出賣了你的優雅自在，還洩露了自己的身分：原來「只是」另一個來血拚的觀光客。

就在體面的男店員護送下，我們帶著一種或許是「朝聖完成」後的特別心情離去，持著好整以暇的心情，繼續我們悠閒的巴黎散步，心裡也期待著稍晚將在酒店裡迎接送來的「戰利品」，再仔細檢閱一下今日的豐收。

你問這一回花了多少錢？大概是台幣四萬多元吧！當時的印象是：既不是我想的貴、也不是便宜，或許因為我那長衫用的布料比較多吧?!記得梅爾在書中，為讀者留下了九〇年代的行情，他所訂製的海島棉襯衫，一件讓

他花掉近兩百英鎊（約台幣九千元）。

電影《大亨小傳》（The Great Gatsby）裡有關於襯衫的一段情節：男主角蓋茲比為了贏得心儀女神的芳心，從一名窮小子努力打拚、直到成為富豪，當他衣冠楚楚與女神重逢後，第一件事，便是展示自己的衣櫃，他將整面衣櫃裡的高級襯衫一件件抽出，再一件件的拋向空中，天女散花般的襯衫繽紛落地，只見他的女神一頭埋進襯衫堆裡，啜泣起來。

所以呢，梅爾說：千萬別小看襯衫，它值得「最吹毛求疵」的待遇，以應付任何最戲劇化的場合。

與Charvet的首次相遇，我帶回家的豐收，雖然不是堂皇的外著襯衫，而是幾件「新睡衣」，卻意外的，讓我的生活起居多了一道「儀式」：每天就寢前，我會端正而恭敬地穿好我的「正式」睡衣。

談到「吹毛求疵」的待遇，感謝家裡燙衣非常拿手的傭人，因為她，向來我們家的毛巾、浴巾，洗好了後都會燙過才用；這算是居家小祕密，我對平時生活，主張要有一定的品質。也多虧有了她，我的每一件Charvet都是好好地燙過、帶有摺痕地備著，完美地符合了「值得被施予最吹毛求疵的待遇」這個條件，我認為這就是自己身為梅爾的好學徒，最起碼的努力。

梅爾還說：千萬別小看襯衫！我說：千萬別小看我的Charvet睡衣！睡衣的講究，讓我每晚能在入睡之際，進入雅致的心境狀態，充滿期待地，準備迎接一夜的好眠、以及栩栩如生的美夢！

新睡衣，串起了一道新的睡前「儀式」，各位不妨也試試看，就這麼做，試著在生活起居的次序裡，為自己找回雅致的心境，體驗「不為別人的眼，只為自己的心」的自在與安詳！我甚至感覺，無意間我已找到另一種寵愛自己的方式。

前去Charvet朝聖，買回幾件完美的睡衣，引領我意外發現了另一個寵愛自己、豐盛生活的新層次，這該也算是一份「有意義的巧合」吧？

對了，算是後話：我一直記得，梅爾提過Charvet最值得體驗的，是私人御製（Bespoke）高級訂製西服，然而因為係男士專屬，使我的夏維體驗好似只嚐了小菜、缺了主菜，身為認真的梅爾學徒，自然感到心有懸念，終於一度在米蘭，我訂製西服的夢想得以實現，雖然不是出自Charvet。

當我改變了在義大利採買時裝的模式，「時裝週」也固定地吸引我回到米蘭。在我習慣住的四季飯店對面，一字排開來的就是西裝店，而且全都是純手工高級御製。依我的觀察，義大利西裝、法國西裝、英國西裝，各有風格（對，好像「風格」也是有國籍的，很有意思）。而各國的高級御製西裝大師傅，在縫製與剪裁的手法上，各有千秋，各有講究與差異。

一個夏天的午後，我先生起了念頭，說想去那幾家西裝店看看，我便樂不可支地陪著他去，其實我心裡早就蠢蠢欲動。於是我們憑直覺，走向一家名叫RUBINACCI LH NAPOLI的高級御製西裝店。

才進店門，眼光非常銳利的店經理——或許他的直覺告訴他，我是更容易被誘惑的客人——馬上湊上來對我說：「我們也有給女士的訂製服務。」

竟然，他立刻忙著招呼我，根本沒去理會我先生，將他冷落在一邊。

說著說著，他立刻搬出好多布料的樣本請我看，又指著其中一疊，說道：「這些都是Chanel採用的布料。」我伸手一摸，那些絲和軟呢料子，果然都很上等。

你也知道，面對極品，我一向很難脫身，而為自己訂製西裝的體驗至今還沒有，當然我躍躍欲試。

梅爾雖然強調訂製西裝的體驗，以他身為英國人，對於英國西裝可能比較偏好，對義大利西裝，不記得他說過什麼，所以我這個好學生，也只有自己拿捏自己的決定了。

好吧！就讓那名說服力一流的經理成功達陣，為我訂製一件吧！作為今年先生送給我的生日禮物。（我這是自己為他做好禮物的決定！）

於是我挑了一款黑白交織（有點像大顆粒的胡椒鹽）很有香奈兒味道的軟呢毛料，也同意經理的建議：採用一塊印了一艘特別的老船艦、花紋非常標緻的純絲亮緞，作為內裡（那材質手感好得……逼近愛馬仕絲巾），接著，我讓師傅為我量好所有尺寸。我期待的私人御製短外套，於是下訂完成，接下來要做的事，便是回去靜候結果嘍。

離開這家店之前，我那全程被冷落的先生，只來得及趁便挑了兩件現貨帶走。

三個月後，我趁著時裝週行程，回來試穿，待它一切都最終完工了，才取走了這件軟呢短外套，這是我的第一件私人御製來的新衣服。

隨後也才向先生報告，他送給我的這件生日禮物，所費台幣二十萬元。

這件私人御製的軟呢短外套，穿上身的感覺非常美妙，軟呢的觸感比想像中柔軟，扣子不但漂亮，在一個不起眼的地方還發現縫上了我名字縮寫的小標籤。我感覺這是一件超級衣服，它不只獨一無二，更是一件將會長長久久的、存在我的衣櫥內的聖品。

對於這麼一件因自己而生、只為自己存在的，由義大利最高級師傅的巧手為自己縫製完成的尤物，唯一我能產生的反應，就是感動加上感謝，這就是我的體驗心得。

Lynn在《名牌學》書裡，提到薩佛街（Savile Row）的傳奇，英倫純手工訂製西裝大師傲稱，數百年來，他們引以為榮的西服手藝，在於為顧客一套套私人御製「有靈魂」的西裝。

不過我也好奇，若請梅爾大師給個意見，他會不會也同意我這名學徒的看法？

《關於品味》是彼得．梅爾（Peter Mayle）獲得《GQ》總編輯贊助，所完成的一本上流社會生活考究實錄。他花了四年時間潛伏在有錢人身邊，用他絕頂高明的文字，與英國式的幽默，回答香檳、松露、魚子醬到底高級在哪？在百年裁縫名店要如何消費？頂級鞋匠打造的鞋履有多少眉角？彼得．梅爾的視野很吸引人——「有錢人的奢侈享受真的值得花這麼多錢嗎？他們付錢買的是什麼珍稀物品？還是血脈中嘶嘶作響的快感？或是要什麼有什麼的輕飄飄感受？」

25 舉足輕重問江洛伯（John Lobb）

前面提到過，我願我是個好學生，跟隨著彼得·梅爾的足跡，一一體驗、認真學習關於品味的一切。

於是，另一回，同樣在巴黎時裝週行程走完後，一個陽光顯得慵懶的午後，我走進了巴黎喬治五世大道的江洛伯（John Lobb）訂製鞋專門店，打算再一次出征我的「梅爾版體驗菜單」。

雖然梅爾大師書中所提的，專門服侍英國皇室成員的極品製靴者John Lobb Ltd, the Bootmaker（江洛伯製靴者）是座落在英國倫敦James's Street上的七代傳承工藝老行家，它有接近兩百年歷史（一八四九年創始），但據我的「線民」說，在巴黎另有一家隸屬於Hermès集團旗下的John Lobb

Paris，這家店女鞋的款式比較新穎、時尚感強（夠認真吧，我是先做過功課的）。因此，我的第一次John Lobb體驗，是在巴黎這一家。

當然我早已設想好了，有朝一日的那一天，當我走進傳奇的Lobb大門的一刻，為的就是要為自己訂製一雙鞋，純Bespoke、完全手工的高級御製鞋，不會是只去逛逛店、探探行情。

John Lobb Paris的店並不大，我稍作瀏覽後，便對出來迎賓的兩名西裝筆挺、風度翩翩的店員，直接開口說：我想要一雙鱷魚皮的長靴，黑色。

兩名店員一聽，臉上同時閃現了一絲驚訝，同時也現出故作鎮定的痕跡，我猜，像我這樣的一位陌生客人，既沒有祕書事先來預約，身旁也沒有助理保鑣圍繞著侍候，卻一開口，就提出了個也許只屬於王妃或大明星等級的「超級詢問」，讓他們感到意料之外，是完全可以理解的。

再說，在John Lobb訂鞋，一般程度的男士皮鞋，價格在七千到九千英鎊區間，女鞋則又比男鞋貴一些。而製靴子呢，有短有長，反正皮料與工時都要多出幾倍，收費比一般正式鞋貴上兩倍是起碼，更別說，我這一開口，指定的就是以珍稀之貴聞名的鱷魚皮做長靴，推估當時兩位店員的內心，應該會為了如此「識貨」的豪客上得門來，訂下大單這件很不尋常的事，澎湃不已……，這肯定今天是他們店裡稀有的一天。

兩名店員於是認真展開服務的SOP，一個解釋流程，一個拿出一大疊皮質樣本供我參考，一邊還問道：「要軟一點的？還是硬挺的？」果然是John Lobb精神，店裡個個都是皮料的行家，可以一連串的說出各種專業術語與質量數值；但見我對這些名堂並不特別感興趣，就用易懂白話問我：要軟的或是要硬的？

顯然，鱷魚皮的種類那麼多，價格一定也是高低迴異，而其實我心裡真正嘀咕的是，鱷魚皮當然是軟的手感好，但是今天做的是長靴，好靴子的樣式不能不硬挺，那麼到底該是硬的鱷魚皮、是軟的鱷魚皮好呢，我真是無法判斷。於是我下了個聰明的決定：畫出我想要的靴子的式樣，就請他們為我推薦「最好、最貴」的皮料選擇。

彼時，我記得自己心裡一陣慷慨大器：只要這雙靴做得完美，你報什麼價，我都ＯＫ！

很可能整家店，既沒有訂製過我要的這雙鱷魚皮長靴的過往歷史，也沒遇見過決斷這麼清楚乾脆的顧客，兩位風度翩翩的店員這一聽，又開始顯得慌亂起來，於是他們為我奉上茶，兩人退到後頭交頭接耳一番後，才過來報告：「夫人，最好的皮料選擇，我們就交給我們最資深的製鞋設計師決定可好？如果您有預算的偏好（限制），請告訴我們。」

當然好了！信賴專家，就是最聰明的消費者！

我只回說：沒預算，只要這雙靴做得完美。對方聽了，立刻露出既驚訝、又滿意的神情。

前面的細節討論好了，接下來，就進行到「量腳」的步驟了。梅爾大師書上說過，魔鬼就藏在高級御製皮鞋的度量師，在於他是否能精確度量好每一隻腳！每個人的左右腳不會一樣，所以是一隻、一隻地量，分寸都要仔細對待。

所以「度量」決定了一切的成敗，以下分享很精彩的John Lobb「度量」大法：

捧著一大本很厚的「書」的度量師傅，很快的上場了，待向我致意後，他就恭敬地屈膝跪下，將大書在地板平平攤開，待找到其中兩頁空白處後，他禮貌地邀請我「站在書上」。

此刻，你會開始害羞、或是不太自在，就像我，因為我發現，身邊跪下的這位（老）師傅的眼睛，就像被黏住了一般，正全神貫注的注目著我的雙腳，好似天下只存在著我的腳。的確，度量師傅用他的舉止，讓你清楚知道，眼前天下最重大的事，就是你的兩隻腳。

片刻之後，他緩慢地、非常紳士又溫柔地、小心翼翼照我的腳形，勾勒出外圍輪廓。畫完外緣，師傅繼續記錄我腳背的厚度，足弓的弧度，量左量

右、量、量，量到我開始覺得很不好意思……。

你了解這種感覺吧？被陌生人這樣精密的「度量」兩隻腳，那雙連自己都沒那麼仔細看顧的腳，當然叫人靦腆。一時我還焦慮，怕被發現：這一番旅行下來，自己趾甲若是沒修好？若是指甲油上得不夠美？等等這類小事。

接著，還有關於腳的問題要回答呢，是「習慣穿鬆、穿緊？」、「平時都穿什麼襪子？」

小問題？但你得要認真回答，因為這樣滴水不漏的身家調查，都是為了讓你那一雙辛勞無人知的腳丫子，從此獲得寵幸，此後，你才會開始擁有一對幸福快樂的腳丫子。

莫怪我沒耐心，但在這麼一連串的作業下來後，我開始感到疲勞，最後的所有偏好選項，我就說一概交給設計師決定，還趕緊找了個藉口說晚餐有約，快快脫身回酒店休息了。離開Lobb時，這位大器的夫人、我，對這雙靴的造價會是多少，全然沒個譜（我只先下了一小筆訂金），然而我的心裡是非常興奮的，還感到有一種……成就感，雖然一絲一毫都還沒看到那件戰利品。

幾個月後，新一季的巴黎時裝週登場，Lobb通知我，可以去試穿了，這麼快？

於是，我雀躍地撥了時間前去，進了Lobb，就在原先接待我的店員、接手服務我的專員，與另一名師傅的見證下隆重地初試我的靴子。他們取出了一雙按照我的尺寸「試做」的樣鞋，讓我試穿上。這雙高筒靴子雖然是用普通皮革做的，但一穿上腳，我就非常地喜歡，它合腳得完美、也很挺，整個式樣甚至比許多名牌鞋還好看！

正覺得好滿意、好得意，沒想到師傅竟然持著一把美工刀，對著這雙樣靴一刀劃下去、切開了它們！我心裡也跟著「咚」地沉了一下！怎麼這樣？好可惜喲，那雙靴就這麼毀了？原來還想，你們大可以將那樣鞋送我的……

我腦袋裡充滿了疑問，不知大師傅他那樣端著切破的靴看個不停，到底在看什麼？

師傅就說，得要觀察「裡面」。原來，這道程序有個專屬名稱叫：「修楦」，師傅需要將樣鞋切開、觀察，這個程序就是要確保腳趾、腳掌在鞋內擁有最舒適的空間。

這真叫我開了眼界！訂製鞋，無疑是世上最吹毛求疵的工作。而這場開腸剖肚的表演，還只能算是整道製程中的前菜，你的鞋會交由不同的職人剪裁、縫製、磨光等，經過一百九十道步驟、三百項工法，你的鞋，只有在一切可能的慢工細活、精雕細琢之下，終於才能修成正果呢！

所以，待我最終拿到成品，大概是下一季時裝週的事了。

為了我的超級靴的完美現身，這份充滿期望的等待，對我來說，不只不是問題，還是甜蜜的，我願意！

曾聽聞，歐洲的奢侈品產業對於訂製品需要的「等待期」這件事，抱著一種有勝過無、長勝過短的態度，理由只有一個，他們相信：顧客的期待，會使那件尤物顯得更為珍貴。那可不就是說，充滿期望的等待，是滋生珍惜心、價值感必要的養分？

在等待期間，Lobb來訊告訴我說，要挑到兩張鱷魚皮的花紋是一致的、對稱的，妳能做的一切，只有準備「耐心等待」，我說，就等吧！我很放心，反正他們承諾，一定為會為我找到最對的！

如此，又經過了一段漫長的等待，終於、終於來到了最後一關，馬拉松接近終點了，我心歡呼！算一算，這來來回回，還真的花了一年多時間。

當服務我的專員，高高捧著那雙終於見面的鱷魚皮長靴，在我面前恭敬的獻上時，我心裡是激動的，那是製鞋大師終於滿意的、完成的作品，此時呢，則是任由「偉大的」顧客細細檢查、試穿的重大時刻。

以鱷魚皮訂製長靴，即便對Lobb這個老行家來說，應該是創舉、更是一項很大的挑戰，我相信自己的這一雙靴，在工藝上應該是高難度的，更何況，Lobb對自家鞋的期許，是給人穿個四十年，不只不壞、還依然是「英俊」的，真的，他們用的形容詞，正是「handsome」這個字！

所以，鞋不只要好穿、要好看，還要在穿了四十年之後，仍然、或更為英俊漂亮，只因為，一切關於「穿鞋」的最高標準，就是Lobb必須能給到的，這就是鞋大師高貴的精神！

而鞋呢，根本不是穿舊了就丟、舊鞋只屬於垃圾桶的概念，能為你存在四十年的長壽鞋，就是一道「鞋奇蹟」，不是嗎？

記得那天我試穿的時候，店裡所有的人看來都不免心驚膽跳，擔心萬一我哪裡不合意？萬一……但我知道，就算不幸地，我有什麼理由不滿意，他們還是會幫我重做，直到滿意為止的。

我欣賞、也信賴Lobb訂製鞋，就是因為它一貫是以這樣的精神服務顧客的。多麼高尚的職人精神！

那天，想到我的長靴，在長長的等待期之後，終於準備好要跟我回家的開心，使我對自己剛剛結清的費用——等值約台幣一百萬元——不只不嫌多，甚至感受到一份「物超所值」的感覺：這才是我的天下第一靴，無與倫比！那晚，在酒店裡，我就好好地穿上這對超級舒適的靴，走一走、照照鏡子，轉個圈，走快步，跳一下，向後退，再照照鏡子，好開心啊！唯一的後悔，是怎麼沒早些去訂製幾雙鞋！

我只能佩服自己，一百萬元能「催生出」這番神物（不是「買」那麼簡單，可能該叫「共創」），也夠我心滿意足的了！再意識到，只要搬出母親的「貴貴買」精神，就能使我購得寶貝，真的好得意！

從此，我就多了一項嗜好，一到秋冬季，我就努力找機會穿上我心裡的天下第一靴，走來走去。「有了就要享受，不穿，反成為東西的奴隸！再好的東西，都是要物盡其用的呀！」我對兩個女兒這麼說。

在歐洲工作時，我會盡可能的將這雙寶貝穿到Showroom，讓兩隻腳保持著舒舒服服的感覺，那樣，即使我的行程再怎麼緊湊，都能保持好心情。

我也愛穿上它在巴黎街上閒逛，這雙寶貝靴，使我變得很喜歡到處走走看看，觀察到底路上有風格的行人、都穿著什麼鞋？同時也常常會感覺到，許多往我腳下射過來的視線，我知道，時尚人的眼光，就是最好的偵測器了！

好的東西，不用你張揚，也不用拿它的造價來震懾別人、或是障礙自己，雖然梅爾式的幽默笑說：穿上它（Bespoke訂製鞋），腳上像是包著大捆鈔票走來走去；但是想到我這雙寶貝、足夠低調，穿上它，只會讓我的腳，再一次大聲感謝那一百萬元的呵護，我就一點都不遲疑了！

我也的確感覺得到，別人、尤其是歐洲女人，所投注的眼光，是看得懂好物、是欣賞、是禮讚、更是服氣，當然也少不了一點嫉妒與羨慕了……。可能她們會服氣一名東方女子能夠隨興地穿、用這些超級奢侈品——而不是小心翼翼地將它供在豪宅的櫃子上——這點，讓我感到足以欣慰！

「穿上它，簡直讓人脫胎換骨……原本是青蛙，現在是王子了。」顯然，在梅爾大師這麼既是褒又是貶的英式幽默裡，他不能不承認的是，鞋（腳）上站著的那個人，在訂製鞋的好生侍候之下，所產生的改變，不是物理的，而是化學的。那是魔法般的效應，「讓人簡直脫胎換骨」，變了一個人……青蛙立刻變成王子。

因此，誰還能低估一雙鞋的影響力？你的鞋，可有舉足輕重的重要性呦！再說，用一百萬元侍候好自己的腳，比起買部千萬跑車、侍候自己的威風（或是侍候那可悲的馬路！）實在多了吧？現在就邀請你，來看看我的John Lobb黑色鱷魚皮馬靴吧！

鞋面可見：黑色鱷魚皮面，反射著黑曜石般、含蓄的光芒；內裡可見：栗色的小羊皮柔軟裡襯，有一處可以找到神祕的標記「H.M. 19196」，那是手製完成它的師傅、獨有的標記與編碼。

隨著這對靴子，Lobb 附上了一對專屬於這雙靴的及膝靴撐（而靴呢，則專屬於我的腳，好得意！），那應該是Lobb的標準配備，在它的店裡，還會好好的保存著一雙手工雕塑的櫸木足模，原樣重現我的腳，或者說是一份職人之手雕出的「3D拷貝」，這是純粹的Bespoke私人御製鞋的工藝傳統。

仔細看看這對以高級櫸木手工雕塑的靴撐，它經過拋光打磨到光可鑑人，黃銅扣鏈不著痕跡地隱藏在腳踝關節處，眼光好的人光是看著這對精雕細琢、雅緻無比的靴撐，都會視之為藝術品，想要將它收藏起來。而這靴撐，帶著一股沉甸甸的重量、往地面拽，展現出驚人的分量感，我猜，它會不會是相當程度的模擬我的體重、與地心引力產生的關係呢？不知道，但我估計，套上了靴撐，這雙寶貝靴就有十五公斤啞鈴那麼重，好有分量、好一個舉足輕重的Lobb！

體驗真是一種滋潤內心的享受，好體驗如何能不與最親愛的家人分享？於是我慫恿先生：「你也來一雙吧！」但因為他沒有穿靴子的習慣，只訂製了一雙正裝鞋。而女兒也託了我的福，訂製了一雙騎馬專用的馬靴，我覺得

那雙也很漂亮，然而她一次也沒穿過。

反觀我呢，自從櫃裡有一雙可以流芳百世的天下第一靴之後，再也沒有其他靴子能引誘我了，往後好一段時間，就都沒再買鞋，只因為心裡豐盛充足了！

26 給霞凸許披巾的空位

梅爾大師在《關於品味》書裡，窺探富裕人士的優雅世界裡，共同的昂貴習性（expensive habits），或說是「昂貴裝束」，當然沒漏掉喀什米爾毛衣。有機會，我要告訴大師，對於它，我有著百分百膜拜的精神（倒不為證明什麼品味）。

我呢，從小迷戀喀什米爾成痴，似乎、一直都在追尋一份無法描述的柔軟，一份輕柔到不可思議的觸感……

依稀記得我很小很小的時候，一次父親出差回來，給母親帶了一條非常美麗的淺藍圍巾，也不知怎麼的，我一見到它就撲了上去，將自己捲進那片圍巾的美麗的淺藍「雲海」裡邊……

現在回想起來，也不知道是夢、還是真實，然而一個這樣依稀的畫面，伴隨著一份柔軟輕盈得無法描述的、清楚到不可思議的感受，有如烙印在我的皮膚上永遠的記憶……或許，這就是為什麼，喀什米爾令我這麼的無法抗拒，從小就是這樣。

我愛喀什米爾，愛到為了怕錯失良機、一下手訂了二百五十件那麼多的毛衣（前面的故事說了）還不知道要怎麼賣掉，也不知道自己一時怎麼就變得那麼大膽！然而只要碰到喀什米爾，我的手就會明明白白告訴我，那羊絨夠不夠頂級？若它告訴我，只是普通的高級品，我是連一點時間都不浪費，再合理便宜的價格，我都不會感興趣的，就是這麼清楚。

後來去義大利採買高級成衣，幾趟下來，只要認識我的工廠經理，都會將最頂級的喀什米爾盡量留下來，因為他們知道，等高小姐來挑，只要東西夠好，她下單就有多麼乾脆。高小姐「只挑最頂級的品質」，這已經是他們清清楚楚的事了。

雖然喀什米爾原材料大都來自中國、印度，然而，卻只有在義大利設計師與製衣廠的手中，才能將上等羊絨變成極品服飾。然而，這些年來，隨著財富人士的暴增、喀什米爾市場的膨脹，我意識到，碰到頂級好東西的機會越來越稀少了。

由於我挑貨的要求不斷提升，越來越覺得應該往頂級貨源的最前端去搜尋。當聽到一位義大利工廠老闆讓Marco告訴我……除了喀什米爾羊毛，世上還有一種更稀珍的超級羊絨。他又說：「然而誰都拿不到貨，據說現在那種羊已經近乎絕跡了。」

啊，那就是傳說中的霞凸許(Shahtoosh)披巾！它已經是違禁品了，買的人和賣的人被抓到的話，都會被關，有說，一個關三年、一個關六年，中國政府則對違禁品判十年以上牢刑。

為了追尋頂級喀什米爾的源頭，我的採購家導航系統立刻開動，指揮我前去印度。當然，能夠接近最最頂級羊絨，本來就是自己的志願，此勢可是無人能擋呢！

經過好多趟的印度行下來，我在這喀什米爾頂級貨源的最前端，的確採買得如魚得水，然而，那稀珍如奇蹟的霞凸許披巾，卻渺無蹤跡！

即便我心裡好生期待，我也認同「只有停止買，才可以停止殺害」，因為「每一條霞凸許披巾的背後，都是一段血腥的盜獵史」，如今藏羚羊是產地國家的一級保護動物，買者賣者都要受到刑罰，所以我只能懷著想要看到天上的星星般的去期待霞凸許：看一下、摸一下就好了！而我正想著只能找一天，只能到博物館去，會見這件我依然無緣相遇的、仙境尤物霞凸許……

霞凸許披巾可以說是當今最昂貴、最細微、卻最保暖的有機織品。據說二〇〇〇年左右的國際市場行情，一條四百克的披肩，售價可達三萬美元。

引述自Lynn的《奢迷》：「Shahtoosh是波斯語，語意是：The Pleasure of Kings（帝王之悅），它是取材自體型小小的、學名叫Chiru的高山西藏羚羊、最貼近身軀的內層超細絨毛，這細絨、直徑就等於是我們一般人頭髮的

二十五分之一那麼細（約在六．二四到一一．二五微米之間）。」

喀什米爾披巾是十九世紀歐洲貴族仕女的最愛，據說當時貴族社會鬧著「喀什米爾披巾風靡症」，而霞凸許披巾則是喀什米爾羊絨家族中最細、最頂、最稀珍、紡織工藝難度最高的，就好比皇冠上最貴、最亮眼的那顆寶石。它又細又短，不能機器處理，必須用上最巧藝的小姑娘的手工，才能紡、織它。

話說，那一年我又到了印度，這次採買完畢後，特地去拜訪一位以前認識的古董商，心裡雖然悄悄地盼望著，透過他，能有機會與傳說中的霞凸許披巾相遇，卻也不敢表明。

進到古董店裡，前十五分鐘我們只是不著邊際的寒暄。

接著，老闆欠身彎下腰，從一堆雜物裡、小心取出一小疊看起來挺不起眼的布料，然後他竟然告訴我說，他收上收有幾條霞凸許披巾，那是他在市面上還能流通時收藏起來的，「本來想」留給自己的母親與女兒的……言下之意，老闆好似有出讓的意願！

這一聽，我立刻伸出了手，迫不及待的、要感受一下那傳奇的霞凸許質地，但基於禮貌只好讓手先停在空中，等老闆邀請了我才動手，就在那麼輕輕一摸，哇！馬上想起Lynn《奢迷》書裡的的形容：「像一塊奶油在手上化掉一般」……而這個體驗，竟然是我最愛、最熟悉的喀什米爾所不能比擬的，甚至，連我碰過的、最極品的喀什米爾，都無法比得上！我的手，就是這麼清楚的告訴我。

不知道那可以算是第幾類接觸，這一摸，我的手已經停不了了。隨著，我將其中一幅麥片白大披巾騰空展開，讓它漂浮、滑落在手臂上，感受著皮膚上體驗著那種細、那種柔、那種滑、那種軟、那種輕盈、那種彈潤，那份觸感，我的感覺就是……陶醉了，我的感覺，就像遇見一抹雲、飄進一片棉花雲裡一樣……

那，不就是小時候，烙印在我的皮膚上的記憶……捲進那片美麗的淺藍「雲海」圍巾裡的記憶……難道，我一直都在追尋的那一份無法描述的柔軟，就是為了領著我來到今天的時空、讓我終於能與霞凸許相遇？

此際，我的心隨著這份奇妙的感動，好似也跟著融化了！完全不知如何作用的、是我的嘴，只能在心裡跟著讚嘆：世界上怎麼可能存在著這麼美好、這麼奇妙的東西？只能說，這正是「宇宙的奇蹟」的十足見證！

老闆又說，這幾件都是極品中的極品，都沒染過色、都是最自然的本色，有鑒於過往他服務的幾位紐約採購家，挑貨的要求，唯一只要自然本色！他說：「很奇怪，染上了亮麗顏色的，他們反而不喜歡。」所以他進貨總是只挑選沒染過色的……

而那時，我早已陷入天人交戰，我想全部收買，不論什麼價錢，看到的四件、一件都不能漏掉，然而我的腦袋裡有個警報響起，當頭棒喝：一件都不能買！

你不能想像，當時的我，有多掙扎、多苦惱！這麼尋尋覓覓、眾裡尋他千百度，終於現身在眼前的，便是此尤物！甚且不需我懇求、求人家出讓，它就乖乖在那兒等著我出手，而我，卻不能讓它立即下架、帶回家，不是因為買不起，卻因為怕坐牢……這是多麼困難的處境！

那個「正常」的我說，要勇敢，值得冒險……況且，這可能是我一生唯一的機會！

那個「謹慎」的我說，這個冒險大了、萬一被逮，我們都要坐牢，天哪，在印度坐牢、坐很久……天哪！當下腦子還不停的演算，想要估計在哪裡、什麼情況、可能被逮？要如何做、可能不被逮？

可能這是我一生所面對最困難的決定……

你相信嗎？最後，在老闆失望的眼神之下，我幾乎是逃出了這家店！

那個謹慎的我，繼續逼著自己趕快回旅館將自己關起來，並且要強力避免自己明早起床改變主意，又跑回這個店來、請人家出讓。

而那個「正常」的我，一夜在床上翻來覆去，懊悔自己竟然那樣就走掉了！那霞凸許萬一明天已經賣掉了怎麼辦？還跟自己吵架：你不勇敢，別人勇敢，你不願冒險、別人敢冒險……！還給自己壯膽：或許運氣好、根本不會被逮到……

故事聽到這裡，大家都急著要問：「後來呢？後來到底買了嗎？你的霞凸許呢？難道真的沒買？」

答案是：「我沒再回頭」——連我自己都不相信！

我就這麼安慰自己：在兩個注重動物保育的女兒面前，披著再美的霞凸許披巾，我怕也抬不起頭來……還好沒買。

得不到的果然最美！對那霞凸許披巾，我始終念念不忘。

至今，我的衣櫥裡的披巾區，一直有一個感覺上的空位，是空下來、給我那幾條遇見了，想要買、卻不敢買、更不該買的霞凸許披巾。

而沒買，雖然表示我「沒擁有」，卻不表示它「不存在」，我就這麼想。

隨著那第一次的相遇，雖然霞凸許「不存在」我的衣櫃裡，卻已經「存在」我的心裡、「存在」我的記憶裡，「存在」我皮膚的感覺上、「存在」我對它永不滅的想望裡、「存在」我為它空下來的位子上……對那買不來的霞凸許，我將永遠擁有這樣的「存在感」，而誰能說，這樣的「存在」是「不存在」的呢！

後記：後來知道了，那天，從古董商的店裡脫逃，逃的其實不是別的，逃避的，是那個意志堅強、無論如何都想要將那幾件「宇宙奇蹟」買下來的自己，而那個自己，只是那位「正常的高小姐」！一笑。

27 我的紐約印象

第一次造訪紐約，自覺有如鄉巴佬進城……雖然我的主題，其實是完成紐約時裝週的採購行程。等到都下完訂單之後，我就特別排了小段時間，為自己預約了一趟紐約市享樂行旅，期待大開眼界一番。

為了當個稱職的觀光客，我這個好學生特別將《關於品味》書裡描述的上流社會奇觀，細細拜讀了，並準備一份「梅爾式」認識紐約的體驗菜單，配著一些必要的小筆記，打算將書裡學來的門道，就地實踐個淋漓盡致！

比如說：給小費。

梅爾說，在紐約這是天大的一件事，十五％一定要算好，給多是「應當」，給少了、可有大關係，不小心給少了小費、會要出亂子的！

比如說：給「很多」小費，才能叫到別人叫不到的紐約計程車。

大家都說，紐約的計程車特難叫，然而，若你住的飯店有些名堂，每當你想外出，那些站在飯店門口、戴著禮帽的門衛，就會溜到你身邊，低聲告訴你：夫人，有個司機現在有空檔可以送您一程……（先別說：「哇！紐約怎麼有那麼好康的事情？」）

當然，這意味著你得先給門衛一筆錢，那是永遠找不到收費標準的「叫車費」，我先生說他調查過，叫車行情是二十塊美金一次（請注意：這只是上世紀公元二〇〇〇年之前的行情），但若你是第一次「使用這個服務」的，請小心，因為假設你出手不夠闊綽，就會影響到下一次他們前來服務的品質。

比如說：給小費要高明，事關身分。

根據書上所說，一個紐約客如果剛好住在第五大道（紐約的高級住宅區），連計程車司機的小費，都不能給得一般般（因為事關身分，如果你每天坐計程車兩趟，很快的就會在計程車司機圈聲名遠播、或聲名狼藉？）。總之，給小費的學問是，金額上一點都不容許寒酸，給多是「應當」，給的比「多更多」才是好的開始！

而梅爾書上「酸」的：「那些死要小費的人，對小費的胃口，就像覓食的禿鷹……（兇猛）」這段評論，請暫時略過，如果你不想毀掉自己的一趟紐約體驗的話，注意給小費！

還有，在紐約給小費更大的門道是，必須給得高明，最好是「不經意的」出手，但又不能太輕浮。另外，下車的時候，不可以跟司機握手（那表現出太刻意的禮貌）！這是上流社會「好品味大師」梅爾特別提醒的。

記得就有一次，我和先生在紐約搭乘禮車，就是那種黑色加長型大轎車，那位司機服務得很好，我先生也很讚許，所以到了目的地，他一下車、就伸手要跟前來開門的司機握手，我眼睛不禁瞪得老大，因為剛好記得書裡說的：「下車的時候，不可以跟司機握手」這個提示，卻來不及阻擋，心裡忐忑想到：我先生這樣會不會「失禮了」？

回味一下，梅爾在〈黑色加長型轎車〉這一篇提出了這樣的高見：

「……（要你克制一下天性中的溫情主義）不要跟你的司機握手，或問他近來可好；不可以讓他直接叫你的名字；也絕不要自己動手開門，寧可等個一、兩分鐘，讓他走「一輛車長」的距離來為你開門。只因為這些人（出租的黑色加長轎車的司機）是行家，他們敬重的，也是內行的乘客。」

慢慢的，我理解了，作為一名「真正的紐約客」是一種身分，或者說一種「修來的（acquired）」特質，紐約市的司機敬重的是「內行」的乘客，而什麼叫內行呢，就是累積來的許多「知道」、體驗來的各種行為的法則——那大約也就是：「不可以」跟司機握手、「應該」跟誰握手、以及握多久之類的。所以重點就是，如果作為內行人，就會贏得敬重。

那麼在紐約，如何作為內行人呢，我猜就是要真正住在紐約、體驗紐約，要付學費、跟上學修課一樣、一點點「修來」自己實至名歸的內行人身分，這可就不只是錢的問題了，肯定得下功夫、得要認真一點去「修」的，像上大學修學分一樣。

難怪，當某些人開口就告訴你，我是個「真正的（道地的）紐約客」時，他是說出一份值得自己驕傲的身分，即使有些「傲慢」，那份「傲慢」我感覺是可以接受的。

這個道理，若再延伸到「作為道地的巴黎人」、「作為道地的倫敦客」應該也是一樣說得通。

作為一個能夠舉一反三的好學生，我會在自己那一份「梅爾式」認識紐約體驗菜單裡加上這一項：

如果你喜歡某一個城市，請努力成為那個都會的「內行人」，那麼，你就會值得敬重，享受到一些內行人的特權！

此刻，我也不禁開始設想：「作為一個道地的倫敦客」會不會是我優先想「修」的功課？

之後我的紐約體驗，還經歷了兩個世紀悲劇，都發生在紐約時裝週舉行的九月，我的生日月分，秋天。

一次照例來到紐約時裝週（忘記是第幾次來紐約了），一天就在工作進行間，有人提醒我趕快打電話回台灣，說是發生了很嚴重的大地震！那次就是九二一大地震，於是我一直試著聯繫家裡。但手機與旅館電話怎麼打都打不通，手忙腳亂……很嚇人，台北出了什麼事？家人、同事安全嗎？家裡、店裡什麼情形？一切都不知道，我陷入整個無比焦慮的狀態。

九二一大地震發生時，雖然我身在遙遠的紐約，逃避了地震，卻體驗了隔空的驚嚇，這個遭遇，始終烙印在我的紐約印象裡。

接著，就是隔年（二〇〇一年）的九一一恐怖攻擊事件。那年的九月初，我們早已依照行程計畫來到了紐約市，突然發生恐怖攻擊事件癱瘓了整個城市，使得紐約時裝週根本無法進行。撇開工作不說，我與所有紐約客一樣，身處恐懼與悲傷之中。

九一一之後，我對雙子星大樓的回憶，就停留在第一次造訪紐約時，那時有幸曾經認真的當過一名「恰當的觀光客」，登上過現在不復存在的頂樓觀景台，而我對紐約市的全部記憶，就此又串連著九一一恐攻事件，一部分的鮮明印象就停格在觀景台上那珍貴的片刻。

雖然要到紐約一趟，飛行長路漫漫，若能偶爾再去一趟，紐約仍然很吸引我！倒不一定要挑戰成為「道地的紐約客」，但我知道，每一次、我都會很享受紐約！

28 白金漢宮的早餐邀約

隨著每一次國際時裝週的看秀、採購行程，我慢慢發現自己有多麼享受旅行，多麼期待旅行中的新體驗、新發現。或許在我的骨子裡，藏著一個旅行嗜好者Lilian，就等著出來放風、四處遊玩。

剛剛說了美國紐約，接下來就要說說英國，我就先從白金漢宮的「早餐約會」說起嘍。

二〇一六年，就在春夏時裝週之前，我意外地收到一封來自英國「皇室」的邀請。看！那烙上燙金盾徽的皇室信封多尊貴，內含著同樣式燙金盾徽的邀請卡，上面就寫著：致尊敬的Lilian Kao女士，以無上的榮幸，敬邀閣下參加白金漢宮的早餐會……再仔細一看，舉行的時間是秋天九月的某日，我一想，六個月前就預約的早餐會，顯示出非常慎重的「皇室」邀請風格。不可思議，我從來沒想過會有這樣的邀請，應英國皇室之邀，在白金漢宮（Buckingham Palace）裡吃早餐！

吃早餐？我的意念裡閃過，最欣賞的巨星奧黛麗·赫本（Audrey Hepburn）主演的電影《第凡內早餐》（Breakfast at Tiffany's），女主角荷莉就站在第五大道上的蒂芬妮（Tiffany&Co.）珠寶店外面，巴著櫥窗、站著啃麵包的經典一景。Tiffany是當時紐約摩登仕女眼中，最渴望、最憧憬的珠寶店（當然它並不供應早餐）。荷莉常常站在櫥窗邊作著美夢、啃著自己帶來的早餐麵包，這一景象，象徵荷莉想望著美好人生的「儀式」。（直到二〇一七年，Tiffany才開出了以早餐為亮點的餐廳）

第一時間我覺得這份邀請好稀奇，讓我充滿期待，立刻決定要接受這份榮耀，但因為不知道還有哪些人受邀，擔心自己一向害羞、膽小，這種陌生的場合最好有個伴同行，所以天真地想著，就帶我那住在英國的妹妹一起參加。

結果主辦單位很嚴格，每一位受邀請的貴賓只能獨自出席，我們全都得經過身家調查，還要簽訂保密協議，甚至提供律師函、證明「無前科背景」。看來，我只能單槍匹馬赴約了！好吧，我鼓勵自己，就當作是一場很「安全的」探險吧！

就在九月的某一天，依照約定的早上七點，我帶著邀請卡，以及一份雀躍的心情，來到白金漢宮。

當時英國的天氣已經轉涼，空氣裡夾帶寒意，還記得那一早倫敦的天空，典型的灰濛濛，不過還好並沒下雨，這使我比較放心，至少不必帶傘、也不用擔心從下車處走到入口處這段路，走著走著會亂了裝束……

為了我的第一個來自「皇室」的正式邀請，該穿什麼好？是個不小的問題，答案肯定是要正式的，但對我這個時尚人來說，真正要定奪的是：要多正式才是對的？要超級正式？很正式？稍微正式？稍微不正式？你知道有些時候，在某些場合穿得太正式，反而是要鬧笑話的。

假設皇室的邀請是晚餐、午餐、早午餐、連下午茶，或是Lounge、Cocktail，甚至是馬會的場合，我覺得如何穿得恰當，是很容易拿捏的；然而，我面對的是「早上七點、來到宮殿裡用早餐」的這樣奇異的、不太正式卻很正式的約會。我認真花了點時間，仔細考量過，到底「要多正式才是對的」這個問題。此際也特別回味起父親的家教：「恰當的衣著，才好表現自己的禮貌與尊重。」

終於有一天，我的靈感來了，我想或許皇室的希望是，在貴賓們用完早餐後，穿著同一套衣服，就可以回去辦公室上班，順便將這份殊榮與同事分享（而皇室的早餐會主持人也可以早早回去辦她的正事）。就這麼辦，那就是：「不是超級正式的正式」，就對了。首先，我決定，大禮帽、是不需的，我為自己挑出整套的西裝，外套配長裙，配手袋、配手套，再配上一雙訂製鞋，瞄準「俐落的總裁採購家」的形象。

進到了白金漢宮，我才有機會發現，受邀的貴賓僅僅二十幾個人，看上去，即便是來用早餐，但每個人都把自己最得體的衣服穿出來了。

東方人只有二人：我和一名日本雜誌編輯，其他還有像是英國《Vogue》雜誌的總編輯，包括英國知名時尚選品電商波特（Net-A-Porter）的創辦人娜塔莉．馬斯內（Natalie Massenet），全都是時尚圈的指標性人物。

原來是這樣的，英國時裝協會每年為了舉辦倫敦時裝週，總是想盡辦法包裝與行銷，近來更動用了皇室資源，想必有助於提高聲量與權威性。

而我，為什麼會被列入邀請呢？

仔細回想，有一年英國知名的老字號零售商Browns舉辦慈善義賣會，我也以Club Designer的名義訂了一、兩百件的T恤，共襄盛舉。

因為每年跑倫敦時裝週，無意間我也加入英國時裝協會，成為會員。而就像美國影藝學院的會員，每年都要投票，評選出奧斯卡金像獎得主一樣，英國時裝協會的會員，每年也要為英國時尚大獎，選出優秀的設計師和品牌。

但我自認英文沒那麼好，每次這項邀約一來，我就只有擺著，沒接受過。雖然如此，推估我仍然受到一些有分量的關注。

總之，我們那天被邀請入白金漢宮吃早餐，卻任何「到此一遊」的痕跡也不讓留下，因為一到入口，所有人都被要求「繳械」，包包、手機全都得安置在寄物處。然後，有一位穿著全套燕尾服的宮廷侍者出現（像極了在電影裡才會看到的宮廷管家），接著，在他的帶領下，我們被引到一間很大的宴會廳。

在那個很大的宴會廳裡，有張很大的長桌，擺了簡單的傳統英式早餐餐點。原來，早餐是自助餐（buffet）形式，大家自由取用，還好現場有管家在場服務，協助每個人取餐。

我倒也沒有太失望，因為這麼多次來英國，已經產生了印象，傳統的英國食譜，並不是那麼講究美食，不是我有偏見，包括我的英國妹夫他們全家都這有這個看法，他們說，英國食物平淡無奇，除了炸馬鈴薯炸魚塊之外。所以那時看來，皇室的早餐並沒太例外。

我呢，想到天冷，只請管家為自己拿了一杯熱咖啡，好去去寒氣。由於現場沒有擺設座位，貴賓們就站在一張張高腳桌前用早餐，就在那裡，大家站著吃早餐，等待皇室主持人現身。

直到大約八點左右，年輕的碧翠絲公主（Princess Beatrice，也就是女王的孫女、安德魯王子之女，威廉王子和哈利王子的堂妹），穿著簡潔的洋裝現身；不過當下，電影的宮廷劇中公主接見人民的正統儀式，並沒有發生。

碧翠絲公主在開場致詞中表示，皇室近年對倫敦時裝週的支持不遺餘力，為了有利於進一步推展英國時尚文化，特別邀請時尚圈的指標性代表入宮參觀。

接著，她帶領大家參觀白金漢宮內的主要廳堂；最近我看了英劇《王冠》（The Crown），整個白金漢宮就是戲裡的場景，使我特別有感觸，因為曾經

身歷此境。

之後，我們再被引導到一個像是小型博物館的展示間，裡頭除了皇室成員的一些照片之外，陳列著伊麗莎白女王歷年來的衣著與用品，整個展間處處可見精緻的擺設。

一看到服飾，我的眼睛就立刻發亮。女王下嫁那年該是一九四七年，她的婚紗，真的很精緻、古典，非常漂亮！那著名長達四公尺的、純絲的網紗拖裙上，滿布星星紋樣，上面還綴著許多珍珠，一看就知道是以手工刺繡一一縫上的，美不勝收！隨後再看到女王出巡各地的服飾，也很經典。

我把握機會，仔細地用眼睛對這些珍寶行注目禮，將所有的美好珍藏在心中。

大概是九點左右，我們就已經完成了今天、期待已久的白金漢宮早餐會，大家魚貫的走出了白金漢宮。

離開時，我突然意識到，與一群陌生人處在一個陌生的環境裡，在足足

兩個小時的過程中，我是不需要說什麼話的，除了禮貌性打幾個語言招呼，向受邀的貴賓與公主用眼神輕輕致意、配合著肢體語言，用不著什麼語言溝通，禮數似乎也已足夠，而我原來擔心自己英文不夠好這件事，根本是多餘的。

這個感覺，頓時令我覺得輕快而且滿意。

29 東方快車拋錨了

我一工作起來，總感覺時間過得飛快，也總感覺好像就那樣錯過了生活的許多精彩，因此心裡常常期盼著一場特別的旅行，一場與現在的生活節奏完全脫鉤的行旅。

有一回，我記起以前看過的老電影《東方快車謀殺案》，突然湧上興致，想要坐坐老式火車，於是邀請先生一起來趟老式火車的「復古之旅」。

就在二〇一八年的夏天，我們飛到英國，參加了「東方快車蘇格蘭高地之旅」。

我好興奮，因為第一，我對蘇格蘭鄉間風光特別憧憬，第二，終於可以坐著老式火車，體驗二十世紀初、那種舊時代的悠閒步調，期待一種無憂、簡單的美好……

到了倫敦，我們輾轉來到愛丁堡，這段為期一週的旅程，以愛丁堡作為上車的起程點。

據說，我們將要搭乘的東方快車，是照著百年前的古董老車廂、復舊翻新而來的，我開心期待有這麼一點原汁原味的新鮮感。

來到火車站，主辦方為我們安排有聲有色、壯觀的迎賓隊伍：一團樂師全部穿著傳統蘇格蘭服飾，站在月台上吹著蘇格蘭笛，我們就在盛大的儀式和悠揚的樂聲中，滿懷期待地登上火車，啟程了！

一走進那氣派典雅的棕色車廂，迎面而來的是滿滿典雅、懷舊而浪漫的氛圍，果然就跟在電影裡得到的印象一樣，也讓人頓時感覺像是穿越時空，被送回到電影發生的一九三〇金色年代的舊時光。

被引入廂房後，我首先忙著安置行李裡的衣服，這趟旅行，我比平常多帶了幾套，準備白天一天換一套，還加上兩套正式的晚宴裝，其實帶那麼幾件也不算多，據說，那個時代的英國仕女，根據日常生活的美好傳統，一天裡要換上好幾套衣裝的，比方說晨起啦、散步啦、午茶啦、閱讀啦、彈琴啦、騎腳踏車啦、騎馬啦、狩獵啦……還有就是每天的晚餐，即便在家裡跟家人吃飯，仍然要正正式式的、打扮得很得體。

我們的廂房雖然不大，但整體算是豪華舒適，內部採用古味的英國傳統風格布置，床安置在廂房的一角，床就是床、是真正的床鋪，驚喜！我們不需要在天亮後，將它收納還原為座椅，而且早上起床、大可放任一床凌亂，自然會有人來換上新床單、再蓋上床罩，下次就寢前，床鋪早已妥當的被恢復成為合適一夜好眠的床，就和住飯店一樣。

這列火車甚至配著有小型烘焙坊的餐廚車廂，每個早上，我享受著被濃烈的麵包香喚醒的好感覺，對我這個偏愛新出爐麵包的乘客，這點特別迷人。

晚餐時刻，是一天中最精彩的時間。

每個人都被安排與不同的面孔、同桌用餐，當然這樣可以擴大相互認識的機會，也是很有趣的安排，讓你每餐都充滿新鮮感。

畢竟來自四面八方的人，能夠同車同行整整七天，也該是很有緣分的，雖然英國人不一定相信緣分這件事，但「一期一會」值得珍惜的意念，用西方人的腦袋來想，應該也不違和。

我很快就發現，這一程同行的乘客大約三十人，只有我們夫妻倆、和另一位朋友是東方人。

行程中有兩個晚上，規劃了非常正式的晚宴，所有乘客都得穿著正式晚宴服入座。餐桌安排成長桌，乘客們對坐，感覺就像中古世紀貴族的大餐宴一般。每天晚餐結束之後，還有餘興節目可以欣賞。

餐車上的侍者，就如在正式餐廳裡的他們，手腕上永遠掛著一條燙得好好的餐巾布，雪白、雪白的，他們禮貌、專業而周到，不輸米其林餐廳。一切都是如此美好，處處還能發現巧心安排的驚喜設計在其中。

誰料得到，第二天，不知道是餐車還是哪裡出了問題，我們的火車竟然開不動，東方快車拋錨了！

火車出問題，行程的主辦方隨即有了應變處理，安排了幾部臨時接駁巴士，來送我們到附近城鎮的飯店用午餐，之後，原來的行程，包括參觀城堡、酒莊品酒，搭著巴士，還是照樣進行，到了晚上，巴士再送我們回到火車上，夜宿靜止的車廂，就當作火車沒出過什麼錯。

不知道是拋錨的火車修好了，還是換了個火車頭？隔天，竟然一切運轉如常，我們繼續搭乘著「東方快車」穿越蘇格蘭高地。

我好奇了，似乎所有乘客對這個意外，都很淡定、很無憂，一樣喝酒、喝茶，大家都顯得很安靜，吃飯也是靜靜的，就是沒有人特別緊張，擔心老火車往後的行車安全，也沒有人去責難車廂經理，更沒有人起來發表什麼爭取權益的主張之類的。

我猜想，大約是人生到了一定的年紀，知道處處有意料之外，凡事也就隨遇而安，不必太多著墨，也無需大驚小怪，是嗎？再一想，或許這火車，真的讓所有乘客都穿越到了過去，那個人人有好修養的時代？

直到最後一晚，大家飯後小酌，聊起這天的事來，才知道，原來大家心裡都有個一樣的問號：「到底那天是什麼情況？」然而對於這件事的發生，大家似乎也同樣的不想多擔憂……

後來的每一天，車廂經理還是如常、每天跟大家報告隔天的行程，我的好心情也沒有受到什麼影響，繼續著一切悠閒的步調旅行。

忘了是第幾天，天氣無比晴朗，我們去到周邊有著大片森林圍繞著的一個城堡，我興致大起，想像著電影裡要去狩獵的情境，在樹林漫步拍照，自得其樂嘛！

翻翻照片來看，想起來了，那次旅程就少帶了一套正式獵裝，只好穿著卡其風衣應付一下。

在城堡那兒，有安排好取代狩獵的靶場，後來玩起打靶，我還打中了

呢！從來沒有這樣的經驗，我一路覺得很新鮮。得意之外，我還想像，若有機會，或許我可以作為一個挺厲害的神射手呢。

總之，那天，我們在城堡女主人的盛情招待下，聽著關於城堡的故事，度過了一個愉快的下午。

英國人真的很重視穿著，我相信他們認為這僅僅是基本的禮貌，所有的乘客全程如此，即使是白天的便裝，男女士都相當考究衣著，大家似乎總是盛裝現身。所以我不再是唯一的、精心打扮的時尚分子。

有些男士說自己雖然不是蘇格蘭人，來到蘇格蘭、就穿蘇格蘭服！是呀，入境隨俗也很風雅，其中幾位每次現身就是一身蘇格蘭傳統服飾：蘇格蘭裙配西裝或獵裝，長筒襪、毛皮袋，頭戴蘇格蘭帽！

聽說，穿蘇格蘭裙有個傳統，裙底是不穿內褲的，甚至有影片幽此一默，讓一排穿著蘇格蘭裙的男士，遇到一陣怪風，接著每個紳士都成了瑪麗蓮·夢露，立刻趕緊護住裙子，就怕洩露了風光。

同行乘客說了這其中的典故：數百年前在一場蘇格蘭高地的保衛戰中，一名蘇格蘭軍官下令士兵脫掉蘇蘭裙與內褲向敵軍進攻，敵營見到此情此景，以為這群只穿上衣的人瘋了，嚇得落荒而逃，戰也不打了。從此這條小方格裙，成為了蘇格蘭人公認的、表現蘇格蘭精神的「著裝標準」（dress code）。

連我先生都感興趣起來，說這樣整套穿是很有型的呢，還說要是早點想到，他也願意試試蘇格蘭人的打扮；不過，在他知道裙下不該穿內褲之後，我就不太確定他的意願了。

如果他真的願意這麼穿，我會很支持的，因為我了解，以裝扮來融入一個時代的情境，會為自己帶來一種很特別的心情，一方面可以使自己心情愉悅，還可以跟別人產生很不一樣的、另類的互動，大家相互娛樂一下嘛！再者，有時候奇異的裝扮，讓我們自己融入一種異國生活文化，也很好玩，可以在旅行中享受到更多的趣味！

這一點，似乎英國男性是了解的，所以他們在打獵的時候，一定要穿上獵裝，騎馬的時候，一定要穿上恰當的馬術服，我們說是Dress Code，以為只是為了「衣著正確」、為了禮貌。不過我還覺得，有時候穿什麼不光是為了給別人看，還是幫自己準備恰當的情緒，才好提升「必要的」能力。

至於我，如果穿上獵裝，就主要是給自己壯膽用的。

旅程的最後一天，火車開回了愛丁堡車站，在大夥兒即將解散之前，火車公司的總經理出現了，終於他要親自對我們說明火車半途故障的事，這位先生一上車就先給每個人遞過名片，接著表示他有多抱歉……，還說這是過去從沒發生過的狀況。

最後，他宣布會退回每位此行半數的旅費，另外還端出兩套補償方案，包含隔年一整年，都能以半價參加他們公司的任何行程，或者，住在歐洲的乘客可以參加接下來的歐洲行程。

總經理這麼安排補償，我能感受到行程主辦方對這件意外的處理態度，是誠懇、負責任的（雖然先前著實納悶，他們可以更早的有些說明），而乘客們不必施加壓力、不用大驚小怪、不用得理不饒人的申訴，就能獲得合理的交代與補償，或許這就是英國人「很文明的」地方。

碰到好修養的人，常常使我覺得幸運。一向參加「旅行團」不是我的菜，這回參加了這個旅程，意外的成為三十名乘客之一，每天一同用餐，一同活動，就很像是形成了一個團體，才知道，有緣一起旅行的人，會給自己引起什麼樣的感觸，帶來什麼啟發。我很感謝，在這個行程裡遇上「很文明的」同行，讓我處處有所學習（感謝沒遇上另外一個極端……激起憂慮、不安、焦躁、對立，或瑣瑣碎碎情緒的那一類人物）。所以，我的旅行體驗菜單裡，備註了：旅行的時候，從所碰到的人得到啟發，是多麼的重要。

我們的「東方快車蘇格蘭高地之旅」就這樣落幕了，解散前，同行的朋友為我們兩人在月台上拍下「到此一遊」的紀念照，那天我刻意穿著得很二○年代感，也比較正式，我先生呢，則是一身黑西裝，好搭配我的黑色范倫鐵諾長洋裝。

一切都如此美好，一如期待，不對，我該說的是……超乎期待！

離開愛丁堡後，我們先回到倫敦、準備回台北，隨後的時間還持續接到團友的郵件，分享他們運用那個補償，繼續前往威尼斯一路上旅程的見聞。

搭火車的體驗，總是帶給我很美好的回憶，體會到一種不太屬於我們這個時代的悠閒，它是一種無憂、簡單、古味的美好！

我與火車的美好經驗，最早一次是搭七星號：二〇一七年，我決定和先生一起到九州搭火車旅行，一來是因為日本近，不必顧慮時差，二來正好看到JR九州鐵路公司推出七星號列車，就決定去嘗鮮。

那個行程帶我們到九州鄉間的村莊，感受慢活，整趟旅途都很輕鬆愜意，有幾個晚上甚至會讓我們住在火車上。日本人做事相當細心，各方面服務都很周到，吃得好、玩得好，也讓我第一次的「睡火車」留下了好印象。

所以後來，我又帶了女兒在東南亞搭了一趟懷舊的東方快車。我相信，

給她一段體驗會比金錢或是禮物更有價值，因為回憶會跟著她們一輩子！

30 長途飛行者的自白

常有人聽說我的工作需要長時間飛行，就覺得我這樣太辛苦，但其實，我非常非常的享受搭飛機！

在過去的四十年裡、其中至少三十五年，我的生活型態與活動軌跡，與地球上四大時尚首都的活動，緊緊相連。如果簡單估計一下，這三十五年間，大約我就花了其中四分之一以上的人生，前去歐洲、紐約，參加時裝秀並做採購！雖然算不太出來，但肯定自己花在長途飛行上與進出機場的時間，會占掉那四分之一的兩成！

難怪許多時尚圈的重量級人物，被認為是過著Jetset的人生……

然而每到要為新的時尚季即將啟程的時間，我依然都滿懷好心情、期待著上飛機！跨洋、跨州、跨大陸的飛行，只要是長途的，越遠的我就越期待。

說穿了，其實，就是為了可以再一次為自己圖個「三萬英呎高」的清淨……

在飛機上，是我最自在的時候，沒有人能打電話給我，電子郵件不能收，也不會有人來打攪，唯一需要做的只有一件事：享受被服務的感覺。以上就算是一名愛好長途飛行者的自白吧。

先前定居在倫敦的大女兒欣就說，我可能是世界上唯一「飛了太多、卻仍然愛飛」的長途飛行者。她們與其他人一樣，都不能理解。

雖說如此，清淨美好的飛行享受，有時也伴隨一些小麻煩。

比如說，托運行李若沒隨機抵達、或是遺失，會讓你有多崩潰……

年輕的時候，每次要出國，我就想把「好東西」帶著，有一年為了看秀，我多帶了幾個包包，想讓自己每天的搭配都有變化嘛，後來在當地看到了喜歡的，又多買了幾個新的，所以隨身的包包數量變成有這麼一點「多」。

誰知道，那次飛到倫敦，不幸遇到大豪雨，班機大亂不說，我人已經到了，行李卻還沒到！我在機場著急得不得了，而英國航空的地勤卻老半天盡是說些不著邊際的話，直到終於他這麼說：「可以確定的是，妳的行李還沒離開（我起程的）機場。」這可把我嚇壞了！

保持冷靜？這是不可能的！我急著告訴他說：「行李裡有很重要的東西耶！要是真的掉了怎麼辦？」

沒想到那地勤人員用著令人氣惱的態度，客氣但冷漠地說道：「我們都建議旅客，隨機行李價值、總共不要超過上限二十萬元，如果行李丟了……我們會以最上限金額賠償。」

天哪，我那行李裝了五個包包，其中還有限量款！萬一不見了，那賠償金額可是連個把手都不夠賠！但在現場，即使焦慮到一塌糊塗，我還是隱忍著不說。

謝天謝地，所幸大約一週之後，行李終於寄到住處來，我趕緊打開檢查，五個寶貝包包都好好躺在裡頭……而我，已經失眠一整個星期了！經過這次教訓，此後，我打包行李就學會了「節制」的重要性。

但，如果搭的是私人飛機，就沒有這方面的顧慮了。

31 穿越野生本色

有這麼一回，我搭乘了私人飛機，遠赴南非，這是我的旅行遊記裡最為野生的一次，也是我此生第一次搭上私人飛機。

而這次上飛機，不是為了圖清淨，而是因為難得有好友同行，而更大的誘因，卻與私人飛機關係不大，而是前進蠻荒原始之境，觀賞（偷窺）野生動物生態的行程，有人說，那是個「很另類」的奢華之旅。

是這樣的，拜我的「老闆」之賜，她們的好友，邀請我一起參加一個期待已久的「南非生態旅行」（Safari Tours）。這個行程，肯定與我平常熟悉的都會叢林，或是時尚秀裡的迷宮，大異其趣。我的探險家精神似乎受到召喚，對於即將擁抱的一場令人無法設想的體驗，感到莫名的嚮往！

秋涼十月的某一天，我們一行六人抵達桃園國際機場，由專人帶領，通過彷彿是祕密通道的途徑，迅速完成了通關與安檢，接著我們被引進到專屬的豪華候機室，等候登上那一架私人飛機，一切待遇都很VIP，跟搭乘一般商用客機的經驗，截然不同。由於沒有行李重量限制，也不怕掉行李，我放心地帶上許多我喜歡伴在身邊的寶貝。

私人飛機的油箱小，不比空中巴士大型客機，所以去南非的長途飛行，一路必須停下來加油好幾次。啟程後，我們先彎到英國接一對友人，之後才南下直驅非洲，這一整趟，還真是不折不扣的長途飛行。

在那私人飛機上，我們每個人都有可以完全平躺的座位，睡前，管家空姐還會為我們鋪好高級酒店的床單，放好枕頭。大家難得聚在一起，一路上大多在聊天與喝香檳，我發現一般商用客機絕不可能有的優點：起飛和降落時，都不會有人來給指令，強迫你該豎直椅背、繫緊安全帶這類的要求。

終於來到南非上空，從飛機上就能看到整片紫色花海的地面，忘

了是誰告訴我的，那花叫做紫薇花（Jacaranda），而南非的行政首都普利托利亞（Pretoria），就有紫薇花之城的雅稱；十月正值南非的春季，是這兒春暖花開的季節，跟我們北半球剛好相反。我們一行人，就在一陣興奮中，抵達了目的地。

到了南非，我們當然不能免俗地參觀了一家鑽石礦和鑽石切割實驗室。起初，我們只看到一堆原石，並不是很有意思；但令我印象深刻的，是聽到的介紹：一顆原石到切割成鑽石的程序，中間要經過精密的解讀和分析，尤其是幾百克拉的，據說就要花上一、兩年的時間，才能完成判讀，以便決定用什麼角度去切割，而如何切下每一刀，都是價值連城的學問耶！

越貴的東西，越難取得，因此，才值得等待。我想到，這可能就是「真理」。

經過一路顛簸，開向蠻荒黃土地的車子，終於將我們送進了國家公園旁的一處野生動物保護區，這兒就是我們這趟南非生態旅行的開端。

在這個保護區裡，有幾家營地式的飯店開設在一處，大小各有不同，我們包下的那間飯店，總共只有六個房間，剛剛好適合我們。我們住的每間木屋（lodge）都配有一座戶外游泳池，為了保護房客的安全，營地（飯店）外圍周邊都布好了電網，讓動物不能靠近，所以我們不必擔憂自己在睡夢中、意外地成為動物的宵夜。

飯店的建築師巧妙地計算好了距離：白天裡，讓我們雖在室內，也能欣賞到保護區最原生的動態，並且在營地外一個適當的觀景距離處，規劃了水

池，引誘口渴、前來喝水的各種野生動物，以便房客隨時都有「最前排的」觀眾席，能清楚的「裸眼偷窺」所有野生物種的本色，觀賞大自然（而非攝影機的鏡頭）為我們送上的生態美景。

你看，雖然身在非洲蠻荒之地，只要回到營地裡，就又是一塵不染、室溫清涼的文明世界，所有現代旅遊的精緻內容與服務，都能盡享——只除了電視，那裡沒有電視，不過說真的，有了戶外隨時上演的野生動物生態實境秀，誰也不再需要望向電視機的方盒子找娛樂了，是吧！

這樣的渡假，真是再適合我不過了！

看看我們每天的行程設計，就會知道我們骨子裡，是非常認真的野生動物觀察員：按規劃，我們每天清晨五點就得起床，準備出門觀賞野生生態，因為唯有清晨和傍晚，當天氣沒那麼熱的時候，比較有機會看到一些特別的動物。

園區安排的兩部生態觀賞車，就等在門口，就像電影裡看過的，這種觀

賞車在車頭燈前有個懸空的座位，一位荷著實彈槍的保安員就坐在那裡，守護著我們的安全。他也負責指引駕駛員，將車子開往最佳觀測點，或者閃避一些危險情勢。

我們每次離開營區，就是分坐在兩部車上，一切的身家性命安全都委託給了他們。我猜他們應該都有好本事，能帶我們趨吉避凶，當然避免碰到飢餓的「野獸」是最要緊的，這裡畢竟不是動物園，是所有的野生動物進食、棲息的家園，而牠們為覓食而殺戮，乃是天經地義的事。

清晨出發的車子，一路開到保護區內一處高地停下，讓我們就在那裡俯瞰整片平原。嚮導員則會趁著我們觀賞風景時，熟練地在草地上擺設好桌椅，鋪上雪白桌巾，將熱騰騰的咖啡和麵包擺上桌，讓我們優雅地享用一些好吃的與提神的，把清晨還需要披上圍巾的寒意，一掃而去。

那真是特別貼心的清晨小野餐，我沒說是「早餐」，因為隨後我們回到營區，才會開始吃正式的早餐。

當時保安員總是荷著槍，站在我們近處，做「備戰」狀態，他們全神貫注的注視，盡責地緊盯著周圍的風吹草動，以避免任何「不速之客」加入，那實在是一種美麗、又帶點刺激感的情境！

就這樣遊覽了一趟，三小時後，大夥兒回到飯店來，進入餐廳坐定後，才慢慢享受著正式的早餐，然後，就是自由活動了。那時太陽也升上來了，你可以游泳、做SPA，或什麼也不做！

每天的黃昏時刻，還會有一次生態觀賞的時間。等到我們觀賞回來後，才會進行晚餐。有幾晚我們在室內用餐，另外幾晚，就在戶外舉行大野宴，吃著烤肉，一抬頭就是滿天星光。我特別感覺到非洲的夜空，非常的神祕。

有一天傍晚，我們一樣出門做生態觀賞，黃昏時間，在這片古老的非洲土地上，豔豔白日轟烤下來的炙熱，終於漸漸消散，此際動物們都會趁涼到水池旁喝水。我們的車停在一處最好的眺望視角，導遊也稱職的在一旁，為我們仔細的描述周圍的景象：「……那裡有一隻河馬，有一群斑馬正要從後面過來，遠處則有幾隻獅子，正在……」

他才這麼說著，我就看到一群很可愛的斑馬朝著水池前來，大大小小的，看起來像是媽媽帶著一群小斑馬來喝水，做媽媽的很警覺，一面喝著水，還不時抬起頭對著四周張望……，這個景象是多麼唯美，我的眼睛只管凝視，連眨眼都不捨得。

接著，一隻厲害的獅子在遠處出現了，這百獸之王可是獵食來的？一開始牠按兵不動，忽然間，牠竟然就「咻」地一下，朝喝著水的斑馬家庭衝過來，所有斑馬被嚇得四散而逃，卻有隻小斑馬跑得不夠快，眼睜睜地就被撲倒、逮住！獅子咬住了還能掙扎的小斑馬、銜在嘴裡，忙著跑掉！隨後，就在遠方總共大概六、七隻獅子圍繞著，將小斑馬活生生地吃下肚！

奇異的是，一群獅子用大餐，誰先吃、誰得等到最後，竟然也是有次序的，好像是老大要吃飽先，其他的，還得忍著餓，在旁邊等著適合的時機，才能上場。就這樣，小斑馬給吃光了！

最後殘餘的，就是獅子不能下肚的部分，比如說，小斑馬條紋雅緻的毛皮……它令我想起時裝秀裡，美麗的斑馬皮皮包與靴子……唉，心裡湧上一陣難以形容的、複雜的憂傷。

多殘忍、多震撼、多驚嚇，這個景象，叫我們怎麼樣也不忍心再睜開眼睛、多看一眼！

導遊卻一臉老神在在，他說，很難得看到這樣的場面！我覺得他只差沒鼓起掌來，說太精彩了……

「難得看到！」導遊說得也沒錯，我們兩車出去，另一部車裡的人就沒看到這大自然血腥的一幕。

「剛剛那一幕發生時，那獅子離我們好近啊。」對呀，就在眼前，大約不到十公尺的距離，所以那時連保安員也緊張起來，嘎噠一聲，槍枝上了膛，一旁驚嚇的我們也慌慌不知所措，就怕獅子們若是沒填飽肚子，便再衝過來、將我們一下子也變成晚餐……

後來，我似乎聽到斑馬媽媽的哀鳴，大夥兒心裡都不忍，只能感慨野生世界，就是弱肉強食啊。

那一夜，我的腦袋裡重複著傍晚所見的驚悚一幕，想著：斑馬媽媽就像人類的媽媽一樣，為失去了孩子而哀泣，而沒能逃開的小班馬，意外的以生命餵養了飢餓的一群獅子，提供了獅子家族很可能是「救命的」、營養豐盛的一餐，然而這是一場怎麼看，都是血淋淋的、殘忍的犧牲！

我又想，我們可不可以說，小斑馬出的意外，是「有意義」的犧牲了自己呢？怎麼說呢？逃命失敗的小斑馬的犧牲，使得牠的媽媽與手足，甚至是其他的動物得以免於一死，至少斑馬家族的生命暫時保住！也使得不再飢餓的獅子，對我們沒了興趣（啊，感念小斑馬為我們這一夥人擋災了！），這可不都是隨機的、意外的「巧合」，而且正是「有意義的巧合」呢？

獅子的本性，永遠會為了飢餓而殺戮，也會為餵養自己飢餓的小獅子而殺戮，在野生動物的世界裡，存活，最關鍵的不外乎就是「吃飽」這件天大的事（人類其實也是如此）！而在動物界的生態鏈裡，我們看到的是強權的獅子、老虎要「吃飽」，我們沒看到的是：許多生物的存在，就是為了餵養其他的生物，所以呢，吃與被吃，是隨時隨處都在發生的「日常」。弱肉強食、各取所需，就是野生世界的生存法則，這就是「自然法則」……

就這樣，這一程的幾天下來，神祕無語的非洲大地，為了我們的初訪與凝視，所展現的形形色色，一一烙印心底：落入地平線的、巨大無比的夕陽，映照著草原動物形體的剪影，即便是長相猥瑣的鬣狗，也用牠們不討喜的叫聲、稱職演出，連難得一見稀有的非洲豹，也現身了，讓大家和牠有了一面之緣。

我愛上非洲那片血橙橘色、黃澄澄的土地！就算是一棵樹枯掉了，我也覺得很美！連那巨大無比的螞蟻窩，也是很美的！

在這兒一片看來什麼都沒有的乾旱黃土，但卻是「最天然」的，最沒有人工干預的，大自然的「任性傑作」，隨處就是美、超過美，只因為它、就是自然野性本色！

我呢，還感覺得到一種奇妙的融入，說不定，自己上輩子就是居住在這兒的在地人？

CLUB DESIGNER
ORIGINAL SINCE 1981

後記

「所有事情的發生，都不是意外，也非單純的巧合，卻都是『有意義的巧合』（Meaningful Coincidences）！」

完成了的時尚採購

不久前，在一次例行的新季採購行程即將結束時，我與助理（女兒）面對著「花不完」的預算，大感苦惱！

對比從前，總因為買得太興奮了，一個不小心，下單就超出預算，那也變成了我的慣例；也就是說「花超過」是我採購時、唯一要傷的腦筋。而每次行前，永遠要求著要提高採購預算的我，如今，預算竟然會「用不完」，到底發生了什麼事？

的確是發生了叫人不知所措的狀況：

不知是誰可以解釋，為什麼十多年來，設計師的時尚新品發表，不只越來越缺少創新，漸漸的，「設計」似乎變成了玩不完的「你有我也有！」，直白一點說，他們似乎只是相互抄襲？

比如說，以懷舊之名，復古又復古，再舉例說：上一季A品牌的一款「延續香奈兒」精神的設計，下一季B品牌，也照著這個主意推出「新設計」；時尚世界好似變成一個毫不重視「原創」，總是照著別家熱賣的、別人說得好的故事，輪流炒作。

高端設計師變得「了無新意」，讓人不免感嘆。它們也變成大量生產、「只為賣得多」的生產線事業，整個時尚產業沉溺在刷新營業額、偏執於「熱賣數字」的一個商業爭戰。

同時間，自從copy新設計「最快」的「快時尚」，成為一種商業主流，高端時尚已然被「性價比」特高的快時尚，逼到了牆角，一無退路。有人說，因此時裝設計師才被「高速榨光」原有的創作能量？

最後呢，對講求前衛、珍奇、稀少、多樣的選品店的買手如我們，採買竟然變成了一種痛苦的懲罰。

總是嘲笑我「預算是用來超支」的女兒，一聽我說：「現在情況變成是出去看一圈，不管怎麼用力買，預算永遠花不完……」也知道問題大了，其實她早已是狀況內，清楚察覺得到這個困擾。

我們只好笑說，該不會是天下所有可以創造的、能變新的設計點子，全部都被前人用掉了？

沒有了獨到的創新，沒有了設計師獨一風格的高端時尚，必然讓時尚的精神陷入奄奄一息的狀態，時尚的核心價值也不必提了，難怪，時尚圈裡不時會聽到「時尚已死」的形容，只不知道那算是診斷，或只是嘆息……

然而，我所經營的高端顧客，多年來因為追隨我的選品，對設計師時尚的期待，只有更高，對於平庸是不會妥協的，若我為了執行預算，勉強買回連我都無法驚喜、甚至失望的新系列，不只是違反我了的原則，更會壞了口碑，還會讓業務走向失敗！

其實時尚採購的工作，對我而言，幾十年來，一直是我非常重要的生活內容，一方面我也喜歡長途飛行，飛來飛去，光是進到機場，就能立即體會到那個城市、國家、人群的流行文化與價值觀。

而每次進到歐美的時尚熱區，能在時尚秀與採購的第一線，接觸到影響未來流行趨勢的新作品，對我來說，都是甜美的養分，刺激著我不斷想到更多的新點子，是生意上的、穿著上的、櫥窗陳列上的、美學上的、生活風格上的，甚至是享受人生的新點子，通通有。

能夠感受到融入時尚的脈動、世界的脈動，就能讓我感覺到動力，體會到豐盛。

即使飛行頻繁、舟車勞頓，身體不免疲憊，但每每一進到showroom，見到設計師發表的精彩新作品，馬上我保證再度精神抖擻、判斷準確！或許，我對滋養靈感的追求，就像一名運動家，永遠不能停止鍛鍊肌肉一樣的，是日常的必要。

所以，我的時尚採購行程，不只是業務、生意的必須，而是興趣、是期待，真的就是這份意念，讓我將工作變成一種嗜好、一份享受，也成為了我獲得幸福，感受豐盛人生的入口，所以才能使我一直充滿熱情，怎樣都不會覺得累。

然而此際，我竟然意識到，自己開始對近四十年來、一向充滿熱情的工作，感到倦怠了，不再甘之如飴。我捫心自問，或許，神祕高小姐身為時尚採購家的旅程、終點已近？或許，結束這一場豐盛的奇幻旅程的時候到了？

奇妙的是，這個「或許該畫下句點」的意念一升起，突然就在那麼一天，天上就掉下來一個我最想要的解決方案！

就這麼剛好，在一場老朋友隨興的聚會中，巧遇一位有心接手Club Designer的朋友，就在用餐的當下，我毫不遲疑地接受了他的提案，接著，就像猶太人做生意講求信用一樣，雙方握了個手、就ＯＫ決定了一切！接下來只花了半個月的時間，就將事業移轉手續完全辦妥。

在這之前，我正巧才做好了未來一季的最後一趟採購，巧合地成為了我在無意中所完成的、最後一次為Club Designer所做的時裝採購。

一切了無遺憾、皆大歡喜。

「巧合」串起的奇妙旅程

回顧這四十年，一切的經歷，簡直就是由一道道奇妙的巧合、所串連起來的「奇妙旅程」，多麼不可思議！

四十年前，一個悶慌了的家庭主婦出門買菜，出於為自己解憂的綺想（或妄想），在市場邊租了一個小鋪位，從單純想做個小生意來消遣消遣的「意念」開始，隨之竟然就展開了這麼一場、從來不曾預期的「奇妙旅程」。

從一名從來沒有做過生意的年輕媽媽，直到成為開了九家精品店（boutique）的時尚選品掌門人，開創出具相當規模的Club Designer高端時尚事業；從只是愛逛街，捨得花掉一個月薪水買條裙子的、一名從骨子裡熱愛時尚的消費者，直到遊走於七十個國際時尚設計師品牌、知名的選品採購家；從妄想著第一次出國旅行，直到成為花掉四分之一以上的人生，穿梭在歐美時尚大都會，趕著一趟又一趟採購行程的空中飛人……

好一個無心插柳柳成陰呢！

我說這是個「奇妙旅程」一點也不為過，因為從一開始，登上這個旅程，是自己從來沒想過，沒有規劃過、甚至不曾預期的，不知道自己已經上了「船」而船也開了、啟航了；若當時意識到這個情況，在船上的自己也只會知道：此船航向的目的地不明，自己也沒買過船票，奇妙如此，哈哈！

我最好奇的是，最開頭、自己的「初心」，對於目的地，甚至是航程的取向，並沒有絲毫一份清楚的「意念」，也沒有任何成熟的「中心思想」來支持、推動著我……難道，一切就因為上天的眷顧，看我可愛，騰空變了個魔術、塞了一份大禮物來犒賞我，即便我毫無「相當的清楚意念」？

如果說，我的「意念」是必要的動力，唯一我能確定的，是自己心裡存在著一份「追尋的意念」，即便毫不明白自己想追尋的到底是什麼，然而我只要感覺對了，就會勇敢認真的、無比堅定的前去！這就是我的個性。

呀！時光匆匆，直到四十個年頭之後的某一天，一旦想要「畫下句點的意念」升起了，就那麼「瀟灑的」在一頓飯局中，拱手讓出自己用一天天的生命、一層層打造起來的時尚城堡，結束了Club Designer與自己的臍帶關係（它的確就是我生出來的小孩啊……）於是，我告訴自己，這一場自己從來沒預期的、如夢似真的奇妙旅程，行程已盡、終點到了！

一次聽朋友閒聊，談起：「所有事情的發生，都不是意外，也非單純的巧合，卻都是『有意義的巧合』（Meaningful Coincidences）！」

這個見解，使我得到了一個靈感，我好奇在自己過去四十年的事業裡，從頭到尾所有的發生，可都是「有意義的巧合」？

於是我靜下心、仔細地回顧，從我身邊溜走的歲月與事件，竟然發現處處都是不可思議的「巧合」，好神祕！

四十多年前，為了紓解自己強烈的「解憂意念」，「巧合」讓我租下一個市場邊的小鋪位，練習做老闆娘、做銷售；接下來，為了付得起房租，我的「意念」轉變成「想做些服飾買賣的生意」，「巧合」於是又讓我在晴光市場的商圈建立起自信、立下名號：「神祕高小姐」，還結識了我的「貴人」與很多好朋友，得到好顧客的支持。

再下來，「巧合」讓我看到未來的方向：為了採購到最新時裝，也為了提高同業模仿的難度，同時符合我飛向歐洲的想望，我的「意念」又提升了。「巧合」使我認識了神通廣大的Marco（這個「巧合」也讓他至少賺了一部汽車），「巧合」也使我在義大利、成為了下單量頗具規模的高級時裝採購家，「巧合」更使我成為義大利廠家眼中，很有風格、受尊敬的「神祕高小姐」。

緊接著，隨著高端時裝市場與產業的爆發性成長，大量富有創意的新設計師出線，我的「意念」又提升了，決定調整採購方向，前進歐美時裝週，看秀、預購未來一季的時裝，拜各種「巧合」之賜，使我成為了受到七十個國際時尚設計師品牌所尊崇的、知名選品採購家。

同時間，各種「巧合」不時地發生，使我開出西門町的第一家分店，也使得開分店的擴張能量，延伸到時尚的台北東區；開分店的人事需求，讓我結集了家人與很多好同事，組織成忠誠而有效能的運營團隊，更別說，「巧合」領著我們立足了東區，開出大安路旗艦店，也在全台灣開出了數家位在百貨公司的精品專賣店。

好神奇，好似只要我「意念」起了，「巧合」就發生了！

一路向前航去，上天用「巧合」呼應著、看顧著我，支持、推動著我。這趟旅程，從頭開始，感謝老天的慈愛，容許我像嬰兒學步一樣，從baby steps開始，一步一步的，「巧合」發生了，以便將我推進下一步，再下一步，下一步的下一步，只為了讓我一步步在歷練裡長出肌肉，也長出了需要的眼界、與專業特長。

航程間的每一個際遇，每一個機會、機緣，走出了什麼路，轉了什麼彎，不管是不是摸著石頭過河，都出現了「巧合」的痕跡。不只如此，每一次的成就、每一個挫折、每一個必須面對的障礙、甚至連每一個轉折的出現，初看是一個又一個的偶發意外，深究之下，原來一個又一個的小巧合、似乎都是為了串連起大的大巧合！

直到最後，當我出讓的「意念」一起，另一個讓我如願以償的巧合、又隨即浮現，容許我為這趟旅程、正式地畫下句點……。

這不就是了，這四十年所發生的一切經歷，都是有意義的巧合！那一道道奇妙的、有意義的巧合，滿滿地為我鋪陳起了無比豐盛的、如同神蹟化現的一趟奇妙旅程。

而我更該無限感恩的是，自己一開始混沌模糊的「意念」（雖然終於變得清晰無比），還好沒有阻擋「巧合」的發生，持續仁慈地呼應著、看顧著我。感謝上天對我的眷顧，那份慈愛包含了對我的耐心、包容與賜予的每一份考驗。

過去，我企圖像個有智慧的母親，告訴兩個女兒，一切都在於自己的選

後記

擇、不是命運，尤其身為女性，更要自己掌握、決定自己的途徑（path），然而這麼一說，我自己的過程，就一整個是「規劃之外」的，所以還不能說是太好的典範……哈哈！

有了這番領悟，我覺得有信心能夠給女兒施加一點耳提面命了，那就是：「傾聽、重視自己的選擇，虛心而無比堅定的、支持自己的決定，就這樣，你的『意念』會清晰的形成，只要你的『意念』堅定的升起，『巧合』就會受到召喚，你想要的，就發生了！」

嶄新的一篇「自在遊記」

「說結束就結束，不會不捨嗎？」這是所有關心我的人、唯一的問題。

所以兩個女兒都說：「媽媽真是一個奇蹟！」

如果我這麼說，脫離過去四十年的生活軸心，放下最熟悉的工作流程，彷彿脫下一套最喜愛的晚禮服，就像當年因為客人的喜愛，只好脫下來賣的那件黑大衣，會不會讓人覺得有些冷血？

我告訴自己說，是時候來訓練自己，面對「斷捨離」所需要的堅決與勇氣了。

還記得當時決定出讓那件黑大衣時，是這麼安慰自己的：衣服終究是身外之物，貴在於曾經擁有、不在乎天長地久！就向曾經帶給自己美麗的它，瀟灑的道別吧！這樣，未來還有機會與下一件美衫相遇呢！這不也是個曾經辦到的「斷捨離」？當然，後來又如期遇見了其他的「最愛黑大衣」，悄悄地完美取代了它……

告訴你，我真的沒那麼cool，事實是，我的心裡被龐大的失落感糾結著……

出讓Club Designer的決定做出後，有時候想著想著，竟然眼淚掉個不停，那時甚至就想後悔一下，想要立刻打電話，請對方原諒，說：對不起，我後悔了……想立刻收回出讓的決定，甚至，夜裡還做了好幾次這樣的夢！

一段時間下來，發現自己竟然瘦了五公斤，只好囑咐女兒與先生，就當作沒看到，別大驚小怪。

結束了Club Designer與自己的關係，就像母親斷了與寶寶相連的臍帶（或說是將孩子送人領養……）是那麼震撼而創傷的，它就是我生出來的小孩啊……當然失落！

出讓Club Designer也就像將自己畫了四十年的一幅畫，隔夜賣掉的那種感覺吧，當然難捨！

然而我發現自己有多麼的矛盾！

我相信、是有意義的「巧合」，為我串起跨越四十年的這一趟奇妙旅程，也是「巧合」，讓我在最好的時間點做出最對的選擇，一如我的意念：成功的「出讓」這份事業，一切如願以償。

因此，理性上，我既堅信又感謝眼前這個結局，就是最對的、是最好的，毫無疑問！

然而，理性之外，另外也存在一個「柔軟的」自己，那是不只在意事業的價值、不只判斷「是對、是好」的，卻是更惜緣、慈愛、感懷、脆弱的另一面自己。那個自己糾結著龐大的失落感，那個自己需要緩慢地、向投注了半生、徒手打造起來的時尚城堡道別！

而現在，就是能夠更柔軟、更有耐心的，對待這個自己的時機了……

我也試著說服自己，隨著Club Designer的出讓，縱使這趟奇妙旅程的航程已盡，我與過去四十年來鍛鍊好的自己，並沒有斷離。甚且，拜上天的恩賜，我隨身帶著、隨著自己移動的，是所有的時尚歷練，是獎勵自己的許多犒賞，更是一份只屬於自己的「風格資產」，全部都是足以終生盡享的大禮物，因此，這趟旅程對自己來說，是完全「值得」的，但願我也完全「值得」上天的厚愛。或許未來，隨時，仍有感恩之旅、尚待開始。

再說，既然，這四十年所發生的一切經歷，都是有意義的巧合！那麼，出讓過去四十年打造起來的事業，也是完美、有意義的巧合。甚至可以說，我全部人生的一切經歷，過去、現在、未來的，發生了與還沒有發生的，都是、也都會是「巧合」，都是有意義、有必要的。再用這個眼光看，對於未來、與它將為自己展開來的各種機遇與巧合，我就該是充滿希望的呢！

或許，但為什麼不？就容許此刻的自己悠遊自在的，漂浮在所有的可能性、所有可創造的未來之上呢？

直到哪一天，當自己願意時，就是可以翻開另一個新頁，容許更多的「巧合」發生，準備展開另一段奇幻旅程的時機了。

也或許，當我想要更任性、願意什麼都不做時，也就容許自己、什麼都不準備做了。一切但求隨心所欲、隨興自在了……

這個領悟，使我終於感到喜悅，明白了讓出事業的「巧合」所賜予的意義，就是讓我在自由自在裡，感受生命無限豐盛的可能性，讓我能夠再創造些新的什麼，若一旦升起那份意念……。

先前，由於心裡糾結於失落感，也是出於某種自我療癒的需要，我起心動念，決定讓四十年來的收藏也跟著事業一起「斷捨離」，於是，做出最有建設性的一件大事，就是重新設計自己的家，完成更徹底的「斷捨離」！雖說這個時候，才終於讓我有足夠的時間，回頭享受自己半生累積來的諸多收藏品、戰利品，殘念呀！

一旦起了要「斷捨離」的「意念」，對於自己想要的、新的生活空間，我只有一個中心思想，一切回歸初始，我要的設計，比簡單更簡單！

我決定徹徹底底的，照著自己喜歡的樣子去改造，以便留出大量的「閒置空間」，結果卻把整個房子幾乎都拆了，主要機能移位，管線全部重拉……

這才感到有些滑稽，在奢華時尚世界這麼繞了四十年，家裡的陳設，隨著流行，華麗、新奇、前衛、復古風等等，什麼風格都玩過好幾遍，而我現在，卻只想讓我的家變回一個最簡單、「最沒設計」的樣子。

這是叫反璞歸真嗎？或是叫減法人生呢？亦或是：回歸見山又是山的領悟？

總之，現在擺在家裡的家具，絕對是彎彎手指就能數得完，以前到歐洲買回收藏的古董家具，全部清掉了！以前掛在牆上的東西，也大多都送人了。不誇張，在「家徒四壁」的空間裡，我感覺到更自在，更寧靜。

女兒笑說，我把家裡弄得像藝廊，意味著到處是空間與空牆壁，不過女兒只說對了一半，若是藝廊，這會是個「不展作品的」藝廊，我的空間與空牆壁，都為了「保持空著」而存在！

不過，時尚採購家著名的衣櫃，就不是那麼方便「斷捨離」了……即便我很努力，仍然有太多難捨的戰利品，一時還空不下太多空間，只能力行新規定：

一、不可能再穿就淘汰

二、決不允許增加無謂的東西

三、進來一件就得出去一件

記得《關於品味》〈寶貴的老東西〉一章裡，寫盡人們被費盡心思收藏的舊物所奴役的滑稽情境，此時的我也大有同感。

新的生活空間，代表新的生活內容、新的生活次序與情境，一切，都只管讓自己「任性與自在」。

現在，包括我日常生活的安排，不管是學習或娛樂，都奉行每天只做一件事的原則，好讓自己過得自然、舒適又自在。

心一自在，就能夠處處感受到美好……或許，自己正在翻開的，是一篇嶄新的「自在遊記」，或許。

說到自在，在我眼中浮現了一個畫面：那是令我一向仰慕、而時尚圈至今無法忘懷的「風格偶像」：賈姬（Jacqueline Kennedy Onassis），縱使她歷經幾度風浪翻騰的極境人生（甘迺迪總統遭槍擊時，第一夫人賈姬就坐在他身邊，改嫁船王歐納西斯後她再度喪夫；而她的兒子小甘迺迪與新婚妻子，搭乘私人飛機失事，雙雙喪命的不幸，已是夫人身後的事了），已屆晚年的她，就像個一般人，帶著外孫女在紐約中央公園散步，或坐在公園長凳上、陪著吃著冰淇淋的小孫女；雖然她年事已長，行止間依舊散發著一股恬淡而自在的氣息，教人感覺得出她心中存在的寧靜。

早在我的少女時期，賈姬便是我的偶像。若問人生際遇之甘苦，說苦的總是比較多，認為賈姬命很苦的看法，肯定也是比較多。如今她離世已近三十年，若我能穿越時空請教她，相信她依然會滿心歡喜的、讚頌人生的美好！

是的，我相信，只要心自在，就能夠處處感受到美好。

二〇二一大疫之年，台北三級警戒期間，人人悶在家閉關並期待解封。朋友傳來簡訊，俏皮地捎來心境的速寫：「在接二連三的大風大浪後，一葉扁舟能安然浮游水面，縱使曾經鴻鵠壯志，盡付此刻笑談間。」

一切都會過去，隨念所之，一一安然自在。

People 471

走在世界　我的時尚人生：Club Designer 創辦人高秋鴻的機遇選擇與豐盛之旅

作　　者—高秋鴻
文字整理—鄭淳予
內頁插圖—徐丞釁
責任編輯—陳萱宇、李雅蓁
校　　對—簡淑媛
主　　編—謝翠鈺
封面設計—D-3 design
美術編輯—黃雅藍
資深企劃經理—何靜婷

董 事 長—趙政岷
出 版 者—時報文化出版企業股份有限公司
108019 台北市和平西路三段二四〇號七樓
發行專線—(〇二)二三〇六六八四二
讀者服務專線—〇八〇〇二三一七〇五・(〇二)二三〇四七一〇三
讀者服務傳真—(〇二)二三〇四六八五八
郵撥—一九三四四七二四　時報文化出版公司
信箱—一〇八九九　台北華江橋郵局第九九信箱

時報悅讀網—http://www.readingtimes.com.tw
法律顧問—理律法律事務所　陳長文律師、李念祖律師
印　　刷—勁達印刷有限公司
初版一刷—二〇二一年十月二十二日
初版四刷—二〇二四年三月二十日
定　　價—新臺幣四八〇元
缺頁或破損的書，請寄回更換

時報文化出版公司成立於一九七五年，
並於一九九九年股票上櫃公開發行，於二〇〇八年脫離中時集團非屬旺中，
以「尊重智慧與創意的文化事業」為信念。

走在世界 我的時尚人生 : Club Designer創辦人高秋鴻的機遇選擇與豐盛之旅 / 高秋鴻著. -- 初版. -- 臺北市 : 時報文化出版企業股份有限公司, 2021.10
面； 公分. --（People ; 471）
ISBN 978-957-13-9457-2（平裝）

1.高秋鴻 2.女性傳記 3.創業 4.時尚 5.品牌

783.3886　　110015409

ISBN 978-957-13-9457-2
Printed in Taiwan.